请周一贯先生评课

何夏寿 著

何夏寿：童心闪烁 18节课堂实录 节节精彩
周一贯：理趣盎然 18篇课堂评点 篇篇生花

上海教育出版社
SHANGHAI EDUCATIONAL PUBLISHING HOUSE

CONTENTS 目 录

第一课 多元设境 童趣盎然 / 1

——统编教材一年级上册《雪地里的小画家》课堂实录

点评：童诗，那一片"天机" / 9

第二课 观黄山美景,赏奇峰怪石 / 11

——统编教材二年级上册《黄山奇石》课堂实录

点评：以点带面,实现高效共读 / 17

第三课 狐狸故事多,讲讲乐一乐 / 19

——统编教材二年级上册《狐狸分奶酪》课堂实录

点评：破译：基于语文要素的童话教学 / 27

第四课 预测：这根胡子有多长 / 30

——统编教材三年级上册《胡萝卜先生的长胡子》课堂实录

点评：预测：阅读教学要找准"正确姿势" / 39

第五课 文化：文言文学习的再一种要义 / 42

——统编教材四年级上册《王戎不取道旁李》课堂实录

点评：生本视角学古文 / 48

第六课 读文言雅韵,诵古人智慧 / 50

——统编教材三年级上册《司马光》课堂实录

点评：古今比对,为阅读文言文起步降低难度 / 57

第七课 比较中知诗意,整合中品诗情 / 59

——统编教材三年级上册《古诗三首》课堂实录

点评:趣教古诗:在比较中循"戏"悟理 / 68

第八课 怪异英雄的传奇 / 71
——统编教材三年级下册《枣核》课堂实录

点评:深度学习的课堂运作样本 / 78

第九课 荒诞:尽享异想天开之乐 / 82
——统编教材三年级下册《这样想象真有趣》课堂实录

点评:生活化:追寻童话习作的"浸润型"课堂 / 90

第十课 千年龟兔,再比新赛 / 93
——统编教材四年级下册《故事新编》课堂实录

点评:"创编习作"的教育价值 / 99

第十一课 想象话天地,造境入故事 / 102
——统编教材四年级上册《我和某某过一天》课堂实录

点评:创意想象:给读写活动加点"氧" / 109

第十二课 童诗:咀嚼和触摸 / 112
——"无中生有"写童诗(五年级适用)

点评:"诗心"本于"童心" / 124

第十三课 边塞话英雄,诗里品豪情 / 126
——统编教材四年级上册《古诗三首之〈出塞〉〈凉州词〉》课堂实录

点评:以文本特色点亮教学设计 / 134

第十四课 有趣的松鼠,有招的说明 / 136
——统编教材五年级上册《松鼠》课堂实录

点评:"比较":阅读教学的大"招" / 143

第十五课 讲了千年再千年,牛郎织女又新颜 / 145
——统编教材五年级上册《牛郎织女》课堂实录

　　　　　　　　点评:提升深度阅读的张力 / 150

第十六课　链接生活,因需择读 / 152
　　　　　　——统编教材六年级上册《故宫博物院》课堂实录

　　　　　　　　点评:以生活为依托,在统整中跨越 / 158

第十七课　当童话遇见戏剧 / 161
　　　　　　——自编儿童戏剧《小猫钓鱼》课堂实录(二年级适用)

　　　　　　　　点评:如何让经典与经典相遇:一节值得深思的课 / 167

第十八课　读你,来自梨园的语文 / 169
　　　　　　——《梁山伯与祝英台之草桥结拜》戏曲剧本教学实录(五年级适用)

　　　　　　　　点评:民间戏曲:一门新课程开发的成功样本 / 181

序

这是一本迟到了很多年的书。

我不大喜欢读课堂实录,因为它不是剧本。每位老师都有自己的个性色彩,为何要统一成一种风景?

每次出去讲课,都有一些老师问我:"何老师,您有课堂实录吗?"

答曰:"没有。"

"那什么时候会有呢?"

"什么时候都没有。"

一年又一年,我都这样回答。答得一点也不拖泥带水。

2018年下半年,我去看我的老师周一贯,我把这事讲给先生听。我以为先生会和我一样不屑于此,谁知他竟然很认真地说:"你这个想法不对。剧本有剧本的意义,实录有实录的价值。演员读剧本是为了照着演,老师读实录虽不是为了照着教,但可以借鉴啊。除此以外,人们还可以读到一种教学路径,了解一种教学可能,品味一种教学智慧等,意义可人着呢!我认为你有必要出一本教学实录,这也是对自己教学实践的梳理。如果能配上点评,给人的启发会更大。"

"点评倒是没问题。"我对周老师说,"您不就是我'私家定制'的评课师吗?我的课绝大部分您都听过,也都评过。如果我去整理一下,估计会有二三十节之多。"

"哦,有那么多吗?"周老师的笑,采下来可当花养,"那你统计一下我给你的课写过的点评,若真有那么多,我建议你出一本书。"

"书名就叫请周一贯先生评课?"我脱口而出。

"书名不是问题,"周老师强调着,"书一定要出的!"

我听老师的话。回到学校以后便翻箱倒柜地找出自2000年起周老师给我写的课例点评，共25篇。可我的25节课堂实录呢？不知散落到哪个角落里去了。同事提醒我倒查（所谓倒查，是从我收集的各家语文期刊中去找，顺藤摸瓜，因为我的不少课堂实录，都曾发表在这些刊物里）。

这个方法真管用。实录找到了，与周老师的点评放在一起，一课一评，倒也般配。但仔细想想，问题来了：第一，我发表过的好些课例太过老旧；第二，有些课的选文纯属兴趣所致，自说自话，自然不能与统编教材的文章相比肩。后来经过筛选，仅剩8篇课例。周老师说："不急，你用一年的时间，再研磨出8节课来，我给你再写8篇点评，16节课例加点评可做一本书了。"

收录在这本书里的课例，基本上是统编教材中的课文，其课型包括阅读课、习作课等。它涉及年级较多，几乎横跨小学一至六年级。每节课例都是我几次甚至几十次试教后的记录。值得一提的是，其中两节是我剪不断、割不下的戏曲剧本教学实录：一节是我根据童话《小猫钓鱼》改写的剧本《小猫钓鱼》；另一节《草桥结拜》，选自戏曲剧本《梁山伯与祝英台》，是我2014年第一次将戏曲剧本引入语文课堂的实录，它在我40余年的教学生涯中具有重要的纪念意义。

需要特别说明的是，我的老师周一贯先生不顾八旬高龄，专程到现场听我讲新课，并对照我的课堂实录，进行十分贴切、适切、真切的点评与指导。有些点评甚至写过不止一遍。如果说，我的课堂实录是从"怎么教"这个层面作了探索与尝试，周老师的点评则是从"为什么这样教"作了高屋建瓴的观照和提升。这种观照与提升帮助我在今后的教学中，进一步朝着"教得明白，教得有法，教得生动，教得有效"的目标努力。

我终于有了一本课堂实录。下次若再有老师问我，我会说，实录啊？我也有一本。嘿嘿。

在此，我还要感谢李丽萍、周秀凤、王吉琼、陈君飞、牟原喜等老师参与此书的出版工作，感谢诸位的付出。

2019年8月10日于金近小学

第一课 多元设境 童趣盎然

——统编教材一年级上册《雪地里的小画家》课堂实录

教学目标：

1. 运用反复见面、了解字源、扩词等方法认识"群、竹"等10个生字，读准多音字"着"的字音。激发学生自主识字的意识和兴趣。在教师的指导下正确书写"几"，会写"横折弯钩"。

2. 在情境中正确、流利地朗读课文，认识感叹号，读好感叹句和疑问句。感受"小画家"雪地作画的快乐之情。

3. 结合插图，知道小鸡、小鸭、小狗、小马这四种动物爪（蹄）子的不同形状和青蛙冬眠的特点。

教学过程：

课前谈话——说说最喜欢的季节

师：小朋友们，说说你最喜欢哪个季节。

生1：我喜欢桃红柳绿的春天，风景如画。

生2：春天的确很美，但我喜欢夏天，因为可以吃冰淇淋、去游泳。

生3：我喜欢秋天。银杏叶像小扇子一样，铺在地面，又像金色的地毯。

生4：我最喜欢冬天。屋顶上厚厚的雪是一块大雪糕。最重要的是，爸爸妈妈会带我去打雪仗呢！

师：看来，每个小朋友心里都有一个最美的季节。今天，我们先来看看冬天，瞧——

（PPT播放课文，同时出示雪景图片）

一、创设情境，集中识字

1. 导入情境。

（课件出示雪花飘落的画面，创设下雪情境）

师:小朋友们,你们看,小雪花一片两片地落下来了,注意看,小雪花还带着生字宝宝呢!

生:哇,真好玩!

2. 试读生字。

师:小朋友们,你们认识这些宝宝吗?能叫出它们的名字吗?

生:我能!

师:别急,你们先小声读读它们的名字吧!

(随雪花出示本课中的6个生字:竹、群、步、参、加、洞)

3. 合作认字。

师:你能把这些名字说给同桌听吗?一个说,一个听,然后交换。

生:我还有不认识的雪花名字呢。

师:不认识的可以请教同桌,要记得说谢谢哦。

生:好。

4. 多元识字。

(1) 学习"加"字。

师:小朋友们,你们都认识了哪些字?是怎么认识的?

生1:我认识了"加"字。我是在数学课上知道的,"加法""加号"就是这个"加"。

师:真棒!利用数学来识字,好办法!

生2:我是在之前的"识字加油站"里记住的。

师:你把以前看过的字认出来啦,相信下次出现在别的地方,你一定也能认出来!

生3:我是从广告牌上认识"加"字的。

生4:我是从超市里的"加饭酒"这里认识的。

生5:我外公的名字里就有个"加"字。

……

师:什么都难不倒你们!看来,识字还是离不开生活,生活就是最好的"识字加油站"。

(2) 学习"参"字。

师:这个字,你们认识吗?

生:我知道,是"参加"的"参"。

师:我们一起读读"参加"。

(生齐读)

师:你们参加过哪些比赛啊?

生1:我参加过朗诵比赛,还拿过一等奖!

生2:我参加过50米短跑比赛,在运动会中拿了小组第二。

生3:我参加过唱歌比赛,那真是一次难忘的比赛。

……

师:小朋友们都很能干!我为你们感到骄傲!

(3)学习"洞"字。

师:那么,这个字,怎么记住它?

生1:这是"山洞"的"洞"字。

生2:我上次去桂林,看到象鼻山下就有一个洞,那里还有好多好多的溶洞。

师:真是见多识广啊!

生3:我知道,洞就是一个大大的窟窿。

师:真聪明!考考你们——

在地下的洞叫什么?

生:地洞。

师:在山中的洞叫什么?

生:山洞。

师:那么在树里的洞呢?

生:树洞。

师:是啊,小松鼠就生活在树洞里。

(4)学习"群"字。

师:小朋友们,"群"是一个形声字,左边的"君"表示读音,右边的"羊"表示很多羊聚集在一起的意思。比如教室里有很多人,我们就可以说一群人。

还能说一群什么?

生1:一群牛。

生2:一群鹿。

生3:一群鸭子。

……

(5) 学习"步""竹"字。

① 出示古字,猜测生字。

师:小朋友们,猜一猜这两个是什么字?

生1:第一个字像两个角。

生2:我看有点像两只脚。

生3:第二个字像鸡爪,像竹叶。

师:你们虽然没有说出这两个是什么字,但也猜得八九不离十了!

② 探究字源,了解字义。

师:第一个字,像一前一后两只脚,表示行走。这是"步","脚步"的"步"。第二个字,像枝叶下垂的竹子,就是"竹"。

生:真像啊!

师:是啊,我们的汉字多有意思呀!有时候,我们根据字的形状就可以猜出它的意思呢!小朋友们会用各种不同的方法认识生字,真了不起!

二、导入新课,整体感知

1. 巧妙过渡。

师:看,小雪花飘呀飘,飘呀飘,给大地盖上了雪被子。小朋友们这时最想干什么?

生1:我想去打雪仗。

生2:我要叫上一群人打雪仗。

师:看得出你们都好激动啊!带上这样的心情,你们能读好这句话吗?

2. 朗读指导。

出示句子:下雪啦,下雪啦!

(1) 指名朗读。

师:谁来向大家宣布这个好消息?

(生跃跃欲试,师指名几位读)

师:你们读得真好!把小叹号的感觉读出来啦!来,大家一起读这句话。

(2) 认识叹号。感受感叹号在句子中的作用。

师:你们看,这个红色的标点就是"叹号",它常常表示激动、兴奋的心情。

3. 揭示课题。

师:你们的呼喊声引来了一群小动物,它们是——

出示课题:雪地里的小画家。
(生齐读课题)

4. 初读课文。

师:下雪了,雪地里来了一群小画家。它们是谁?会画什么呢?

师:不急,咱们先读读课文,再来回答。

(1) 自读课文。

师:请小朋友们自由朗读全文,读准字音,读通句子。

(生热情高涨地开始朗读)

(2) 检测初读。

师:雪地里来了哪些小动物?

生1:雪地里来了小鸡、小狗。

生2:除了小鸡、小狗,还有小鸭和小马。

(板贴动物图片:小鸡、小狗、小鸭、小马)

师:是的,你们还能用"雪地里来了_____"的方法连起来说说吗?

(3) 变换句式。

师:再换个方法,会难住你们吗?

生:不会。

师:雪地里的小画家有( )、( )、( ),还有( )。

(4) 板贴词卡。

师:这些小画家在雪地上分别画了什么呢?

生1:小鸡画竹叶。

生2:小狗画梅花。

生3:小鸭画枫叶,小马画月牙。

师:真不错。来,看看小画家们的作品,你们能读出来吗?

生:当然!

(出示词卡:竹叶、梅花、枫叶、月牙)

三、情韵朗读,玩中感悟

1. 学习句子。

出示:小鸡画竹叶,小狗画梅花,小鸭画枫叶,小马画月牙。

师:看,这些画作跑到句子里来了,你们能读一读吗?

(生点头,很快读正确了)

(1) 了解事物。

师:老师把小画家们的作品带来了,你们能认出来吗?

生1:我知道! 第一个是梅花,我们每年都要去三溪赏梅的。

生2:第二个是竹叶,咱们校园里就有啊!

师:那么,像这样弯弯的、两头尖尖的月亮叫什么?

生:月牙。

师:答对啦! 那么,老师手里拿的这个呢?

生:这是枫叶。

(2) 关注逗号。

关注句子中的逗号,读好停顿。

师:再看刚才这句话,中间像小蝌蚪一样的标点是什么?

生:逗号。

师:对,看到逗号,我们要稍微停一停。谁再来读读?

(生练读)

(3) 美读句子。

师:老师也想来试试。怎么样?

(生鼓掌)

师:请男生女生比赛读。

(生读得眉飞色舞)

师:咱们一起来读读。

2. 做课中操。

音乐响起,师生边说边表演。

师:小动物们在雪地里画画,小朋友们是不是也想去画呢?

师:让我们跟着小动物去雪地里玩一玩吧! 小马哒哒跑得快,小马小马画什么?

生:画月牙。

师:小鸭嘎嘎摆一摆,小鸭小鸭画什么?

生:画枫叶。

师:小鸡小鸡轻轻走,小鸡小鸡画什么?

生:画竹叶。

师:小狗汪汪跳一跳,小狗小狗画什么?

生:画梅花。

师:小鸡你好,你在雪地里画什么?那你能不能画枫叶?

生:不行不行,我只能画竹叶。

师:小鸭你好,你在雪地里画什么?你能不能画梅花?

生:不行不行,我只能画枫叶。

师:小狗你好,你在雪地里画什么?你能不能画竹叶?

生:不行不行,我只能画梅花。

师:小马,你能不能画竹叶啊?

生:我只能画月牙啊!

(全班欢快地在轻松的旋律中问问答答、说说演演)

3. 学习句子。

出示:不用颜料不用笔,几步就成一幅画。

(1) 理解句义。

师:你们为什么只能画一样东西啊?

生:因为我们的脚就是画笔,一种脚印就只有一种画啊!

师:哦,原来是这么回事啊!

(2) 朗读句子。

师:尽管这样,你们这些小画家也还是挺厉害的!画了满地的竹叶、月牙、梅花和枫叶,你们的心情怎么样?

生 1:我很开心。

生 2:我很自豪。

师:好,就让我们带着自豪的心情,加上动作读一读。

(边演边读)

4. 学习句子。

出示:青蛙为什么没参加?他在洞里睡着了。

(1) 师生问答,读好问句。

师:小青蛙为什么没参加?(疑惑地)

生:他在洞里睡着了。(一本正经地)

(2) 创编儿歌。

师:你喜欢的小动物中,还有谁没参加?

(出示:_____为什么没参加?他在洞里睡着了)

生1:小蛇为什么没参加?

齐答:他在洞里睡着了。

生2::乌龟为什么没参加?

齐答:他在洞里睡着了。

生3:松鼠为什么没参加?

齐答:他在洞里睡着了。

生4:狗熊为什么没参加?

齐答:他在洞里睡着了。

……

5. 朗读全文,回归整体。(配乐,师生合作读课文)

师:这场雪,这群画家,让这个冬天变得更加可爱。接下来,让我们跟随音乐,一起来读一读这首有趣的雪地小诗。

(师生合作读)

四、抓关键笔画,指导写字

出示生字"几",引导读字,指导学生观察如何写端正。

1. 认识笔画。

师:小朋友们,你们还记得这个字吗?

生:几。

师:你们有办法写好它吗?

(生各抒己见)

师:要写好这个字,尤其要注意一个笔画,谁认识它?

生:这是"横折弯钩"。

师:对,这个新笔画可不好写哦,看老师写一写。

2. 出示形象图,指导"横折弯钩"的书写,要将其写得圆润、舒展。

3. 学生书写,教师巡视。写三遍,争取一次比一次好。

4. 教师点评,再次修改。

 点评

童诗,那一片"天机"

周一贯

每个成年人都是从儿童走过来的,几乎都受过从"摇篮曲"开始的诗与歌的润泽。只是那些诗歌,虽也有诗歌的共性,但是是专门为儿童写的,为儿童所喜爱的。为什么深受儿童喜爱?因为那些诗歌里有一片"天机"。旧演义小说常有"天机不可泄漏"之说,其实,意思就是这"天机"是"只可意会,难以言传"的。虽然很多儿童诗都是大人为孩子写的,但是,这里边既有以大人的眼光看生活,更有以孩子的眼光看生活。孩子特别能感受其中的那一片"天机"。《雪地里的小画家》这首童诗的魅力所在,也正是因为有着那一片"天机"。

何夏寿老师幼时因身体的伤残,错失了许多蹦跳追逐的游戏,却因此有了浸润童话、童诗的阅读机会,之后成为具有省作家协会会员身份的儿童文学作者。由他执教的《雪地里的小画家》,自然有着不一般的风景:这就是对"童趣"那片"天机"的开掘。

一、开发语文知识的"有趣"

小学低年级的语文教学是以识字为重点的,但汉字是有灵性的,在识字的知识性里同样可以开掘出趣味来。这趣味藏在渲染"下雪了"的欢快氛围里,藏在小雪花一片一片落下来的雪景课件里。"注意看哦,小雪花还带着生字宝宝呢!"于是孩子们在"真好玩"的兴奋中,争先恐后地认读了6个生字。

正是因为今天人们都生活在充满了文字符号的环境里,所以,许多生字都似曾见过。一个生字"加",学生有的从数学课里见过"加法""加号"的"加";有的在爸爸爱喝的绍兴黄酒里见过"加饭酒"的"加";还有的从外公的名字里见过"加"……在何老师的课堂里,这叫"多元识字",也就是让孩

子们在丰富绚烂的生活中快乐地寻找它们的身影。诚然,语文知识并不都是抽象无趣的,语文本来就活跃在庸常的生活之中,我们需要做的,只是带领孩子去作有趣的"发现"。

二、看到稀见少有的"奇趣"

"好奇"是孩子最大的心理特点,这源于他们生命成长的需要。"下雪啦,下雪啦!"在小朋友们的一片欢呼声中,雪地里也快乐地跑来了一群小动物。可他们为什么是"小画家"呢?这是"一奇"。"小画家"们都画了些什么?他们为什么只会画这些?这是"二奇"。他们画画怎么可以"不用颜料不用笔"呢?这是"三奇"。这么多的"奇趣",让小朋友们很开心。何老师主要是引导学生在反复的多种形式的朗读品赏中,让学生明白那是小动物们在雪地上留下的脚印,所以自然就"不用颜料不用笔"了,就可以"几步就成一幅画"。而且每种小动物只会画一种东西。

三、体会品读带来的"情趣"

童诗中的"趣"无疑是一种童真"天机",但对这种"天机"的深切感受只有通过反复诵读才能领略其中三昧。"旧书不厌百回读","童诗"也一样"不厌百回读"。何老师在这里不是通过讲,而是让学生以各种不同形式的反复读,这颇为吻合童诗的教学特点。有"自由读""板贴图片读""变换句式读""师生问答读""男女比赛读""配合课中操读""动作表演读"……如此多种形式的读,不仅体现了儿童诗的教学要求,也是落实"以读代讲"——学生自主学习的有效方法。正是这样多种形式的朗读,不仅为学生学习语言文字的运用创造了条件,而且也让他们真切地感受到这首儿童诗的情趣无限。

四、读懂深层意蕴的"理趣"

这首童诗的绕梁韵味,更在于它的结尾"青蛙为什么没参加?他在洞里睡着了。"在这里,"没参加"是现象,"睡着了"是本质,以儿童的思维方式,无痕地融入了有些小动物要冬眠这一自然之理的现象。在这里,何老师别具一格地用"创编儿歌"的方式,让孩子们续编:"小蛇为什么没参加?他在洞里睡着了。""乌龟为什么没参加?他在洞里睡着了。""松鼠为什么没参加?他在洞里睡着了。""狗熊为什么没参加?他在洞里睡着了。"……不仅提升了学生的参与度,同时也增加了语文运用的机会,颇有"一举多得"的"意趣"。

第二课　观黄山美景,赏奇峰怪石

——统编教材二年级上册《黄山奇石》课堂实录

教学目标：

1. 通过对"仙桃石、猴子观海"等段落的品读,感受作者敏锐的观察力和丰富的想象力。

2. 抓住"飞、落、抱、蹲"等动词,感受作者用词的准确、生动,体会奇石的有趣。

3. 巩固生字新词、积累语言,能正确背诵第2～5自然段,并尝试用"好像、真像"模仿课文说说其他奇石。

教学过程：

一、复习导入,引出奇石

师：小朋友们,上节课老师和大家一起游览了黄山,认识了黄山的许多奇石,你们还记得吗？

生：记得！

师：真不错！来,我要找一个精神抖擞的小组,"开小火车"说出它们的名字。（生坐端正,师举卡片,指小组认读）

生1：仙桃石。

师：字正腔圆,非常正确！（随即将卡片贴到黑板上）

生2：猴子观海。

师：好极了！（贴卡片）

生3：仙人指路。

生4：金鸡叫天都。

生5：天狗望月。

生6:狮子抢球。

生7:仙女弹琴。

(生一边读,师一边将卡片贴在黑板上)

师:"小火车"开得如此顺利,看来你们已经把这些奇石的名字牢牢地记在心里了。那在这些奇石中,哪几块写得比较详细呢?

生:仙桃石、猴子观海、仙人指路、金鸡叫天都。

师:是的,这些奇石作者写得详细、有趣。请你选择自己喜欢的一处读一读,想一想它有趣在哪里。

(生自己选择读相关段落,师巡视)

二、梳理学法,品读"悟"奇

师:来,说说你喜欢的奇石。

生:我喜欢"猴子观海"。

师:好,请你闭上眼睛,咱们现在就出发去黄山!(课件出示"猴子观海"的图片)

师:睁开眼睛,黄山到啦!看(板书:看),在这一座云雾缭绕的山头,有着奇形怪状的巨石,你能找到"猴子观海"吗?它在哪里?

(生上台指)

师:哦,仔细一看,这石头还真像猴子呢!大家瞧,这只"猴子"在干什么?

生1:它在看云海。

生2:它蹲在山头望云海。

……

师:那课文是怎样写这块奇石的呢?谁能找出来读一读?(板书:找)

生:在一座陡峭的山峰上,有一只"猴子"。它两只胳膊抱着腿,一动不动地蹲在山头,望着翻滚的云海。这就是有趣的"猴子观海"。

师:请想一想从哪些词句中能体会到"猴子观海"的奇特?谁来说一说?(板书:说)

生1:我觉得这只"猴子"的形态非常奇特,你看,它抱着腿,蹲在山头,望着云海。

师:正确!这"抱""蹲""望"是写"猴子"的——

生1：动作。

师：是的，这些动作将这只"猴子"的样子给写活啦！

生2：我补充，这"一动不动"写得特别好，它写出了"猴子"观海非常专注。

师：说得真好！来，你来演一演这只一动不动的"猴子"吧！（板书：演）

（生表演）

师：这真是一只专注的"猴子"。来，掌声送给他。

生3：这只猴子爬到那么高的山峰上看云海，特别奇特。

师：哪个词让你感觉到这山峰特别高？

生：陡峭。

师：是的，这样一只"猴子"，爬到这么陡峭的山峰上，几千年来一动不动，到底是什么吸引了它呢？

生：是翻滚的云海吸引了它。

师：你们想不想看看这翻滚的云海？

生：想。

师：来，瞪大眼睛，一起欣赏吧！（动态课件演示"翻滚的云海"）

（惊叹声）

师：真是奇特的景观呀！怪不得这"猴子"一动不动地观看。平时，我们从下往上看时，天空中的云层像被孙悟空施了魔法一样，一动不动，而这只"猴子"正是由于它所处的位置那么高，和云亲密接触了，所以才能看到云朵像海水一样上下翻滚。看来，"猴子"所处的位置也很奇特呢！

……

师：刚才，小朋友们说了好多"猴子观海"这块巨石的奇特之处，那么谁能通过朗读表现出来呢？（板书：读）

（请三位学生朗读，关注读好"陡峭、一动不动"等词）

师：你们都是小小播音员，这样的读法，仿佛让老师看到了那只专注地望着云海的"猴子"。为你们鼓掌！

师（指着板书小结）：刚才，我们通过"看、找、说、演、读"这样的方法欣赏了奇特的"猴子观海"，下面请小组合作，按照同样的学习方法自学其他几块奇石，之后我们一起来交流。

生：四人小组合作学习"仙桃石""仙人指路""金鸡叫天都"三块奇石。

（师巡视在各组之间，适时进行点拨指导）

师：老师发现每一个组都按照刚才的方法学得非常认真！会自主学习的孩子最棒了，现在我们来交流一下吧！

生1：我想说说"仙桃石"。（师出示"仙桃石"的图片）看，图片中这块巨石的样子，可真的和大桃子一模一样，两旁的树木就像大桃子的叶子呢！

师：外形很奇特。

生2：比起我们平常吃的桃子，这个"桃子"真的太大了，怪不得称它为"仙桃"。

师：此桃只应天上有，人间哪得几回寻呀！所以说它是——

生：从天上飞下来的大桃子。

生3：这里也有两个动词"飞"和"落"，写得特别棒！

师：是的，那么大一块石头宛如小鸟一般轻松自如地从天上飞下来，落在了山顶的石盘上，真是妙不可言。来，让我们用朗读来表现吧！

生齐：就说"仙桃石"吧，它就像是从天上飞下来的一个大桃子，落在山顶的石盘上。

师：继续交流。

生：我来说说"仙人指路"。（师出示"仙人指路"的图片）从图片上看，这块巨石真像一位仙人站在高高的山峰上，伸着手臂指向前方。

师：你来读一读。

生："仙人指路"就更有趣了！远远望去，那巨石真像一位仙人站在高高的山峰上，伸着手臂指向前方。

师：大家说说他读得怎么样。

生1：他把"更有趣了"这几个字读得特别好！感觉好有趣！

生2：他的"真像"也读得挺好！我越看画面觉得越像了。

师：那谁来向仙人问路？

（生争先恐后举手）

生3：仙人仙人，请问"猴子观海"在哪儿呢？

生2（模仿图中的样子）：在那儿，在那儿呢！

（大笑）

师：真有趣！来，和老师一起合作读读这一段吧！

师："仙人指路"就更有趣了！

生：远远望去，那巨石真像一位仙人站在高高的山峰上，伸着手臂指向前方。

生："金鸡叫天都"也很有趣，它和前面的几块巨石不一样，它是由好几块巨石组合起来的。

师：是的呢！它其实是一组奇石！你从哪儿知道的？

生1：课文说"每当太阳升起，有座山峰上的几块巨石，就变成了一只金光闪闪的雄鸡。"

师：几块巨石变成雄鸡确实奇特。我们来看看（出示图片）。

生2：书上说太阳一升起，它就变得金光闪闪了，特别神奇。

生3：就好像要叫人们起床了。

生4：它是对着天都峰在叫，怪不得叫"金鸡叫天都"了。

……

师：你们说得可真好，让我们一边读，一边想象这"金鸡叫天都"的神奇吧！

男生：每当太阳升起，有座山峰上的几块巨石，就变成了一只金光闪闪的雄鸡。

女生：它伸着脖子，对着天都峰不住地啼叫。不用说，这就是著名的"金鸡叫天都"了。

师：小朋友们，课文的第2~5这几个自然段分别写出了"仙桃石""猴子观海""仙人指路""金鸡叫天都"这四块奇石的奇特之处，让人读着读着，忍不住想去黄山看一看这些石头。这么美好的段落，我们一定得把它们背下来，记在心里。来，给你们5分钟时间，试着背一背吧！

（试背）

三、创意说写，想象"赞"奇

师：来，我想请几个小朋友接力背诵，谁愿意？

（生纷纷举手，师择其中四人背诵。）

师：哇，你们实在是太棒了！黄山的奇石还有吗？

生1：还有"天狗望月""狮子抢球""仙女弹琴"。

生2:还有好多呢,课文最后一段说还有很多叫不出名字的奇形怪状的岩石。

师:谁来读读课文最后一个自然段?

(生读)

师:读得真好!能不能想象一下"天狗望月""狮子抢球""仙女弹琴"这几块奇石的样子,然后仿照课文的写法来赞美一下其中的一块奇石。可以先说名字,后说样子;也可以先说样子,后说石头的名字。

生1:我来说"仙女弹琴"。在一座高高的山峰上,有一位"仙女",身穿飘逸的长裙,手捧琵琶,正轻柔地弹奏呢!这就是著名的"仙女弹琴"了!

生2:"狮子抢球"就更有趣了!在一座陡峭的山峰上,有两块巨石,活像两只威风凛凛的雄狮,瞪着铜铃般的眼睛,正在抢夺一个球。

生3:"天狗望月"也很有趣。瞧那山头,蹲着一只"天狗",它抬着头,一动不动地望着月亮,好像想把月亮吞进肚子里去呢!

……

师:小朋友们的想象力可真丰富!简直可以和课文的作者媲美啦!我们来完成课后练习题二:读句子,用加点的词语说说图片里的石头,再选一张图片写下来。(用"好像""真像"写话)

(生动笔写。稍后,师选取几个典型交流点评)

生1:(第二幅图)在一座陡峭的山崖边,有一块巨石,真像一位老僧,背着一个药篓,这就是著名的"老僧采药"了。

生2:(第一幅图)"沉思的小狗"也很有趣。瞧,在一座平平的山头,有几块叠在一起的巨石,好像一只小狗,耷拉着脑袋,在思考问题呢!

……

师:观察很仔细,抓住石头的特点,用"真像""好像"写话,很棒!小朋友们,这节课,我们再一次游览了黄山,那些奇形怪状的巨石给我们留下了深刻的印象。其实,黄山值得欣赏的不仅仅是奇石,还有——云海、奇松、温泉,"五岳归来不看山,黄山归来不看岳",希望大家都有机会真正地去游览黄山。下课!

 点评

以点带面,实现高效共读

周一贯

在阅读课中,真正落实好在教师指导下,学生的自主阅读和互动共读,是关键所在。然而,要智慧地安排教师指导与学生自读、互动共读的三者关系,却是对教师课堂教学艺术水准的挑战,绝非轻而易举。本案例中,执导教师用以点带面、举一反三的教学策略,构筑了一个有效的学生共同体,是十分具有评赏价值的。

其实,"以点带面"也是文本的行文特色之一。"猴子观海"与"仙人指路","金鸡叫天都"都是课文的详写部分,"天狗望月""狮子抢球","仙女弹琴"都属略写部分。即便是详写,教师也只选了"猴子观海"这一点进行剖析,而把更多的阅读空间留给了学生,这是明智之举。

"猴子观海"作为带面的"点",自然必须细读、深读,教师是如何做到这一"点"的?

——先充分利用课文插图,形象感受"猴子观海"。

教材一般由导学系统、课文系统、插图系统和练习系统四大部分组成。插图在教科书中扮演着十分重要的角色,对教科书的知识存递、内容阐释、美感熏染和教学效果有着不可替代的作用。语文更是一门极富人文内涵和审美教育的课程,图文并茂、相得益彰历来是教科书的追求。可惜的是,插图系统的运作往往得不到充分发挥。然而在本案例中并非如此,教师不仅让学生具体指认,而且仔细观察,并作了图文对照的描述。

——再循图读文,品赏文字符号的具体描述。

学生在观图中获得的只是形象感受,在语文教学中,还得用语文的方式,再回到对文字的品赏之中,从而为语文的描述留下深刻印象。在这里,教师由"课文又是怎样写这块奇石的呢"这个问题引导学生用自己的语言

来进行口头表达,并在此处设计了一个理解这段话的学生共读共议环节。如猴子"抱"着腿、"蹲"在山头、"望"着云海这三个动作,十分惟妙惟肖;"一动不动"虽没有展开细致描述,却表达了猴子观海的专注……在此基础上,教师还进一步让学生表演。然后又从猴子的神态,引申到云海的神态;在此基础上,又让学生思考猴子和云海之间的联系——居高俯视才能见到云海的奇幻……显然,只有在"点"上进行深挖细读,才能充分发挥以"点"带"面"的后劲。

那么,教师又是如何由"点"带"面"给学生以自主阅读的机会和互动共读的研讨的呢?

——以"四人小组"的互动共读,深化感受"仙桃石""仙人指路""金鸡叫天都"这三块奇石。

这部分在课文中也是详写的,但在解读上不一样了,因为有了"猴子观海"这个"点",师生共读的引领,学生的阅读思路已经充分打开,可以放手让大家在小组里互动共读。这样,因为参与读的范围小了,反而可以为学生的自由发言、互动讨论创造更好的条件。

——再以小组共读的课堂交流,尽显互动共读的精彩。

如关于"仙桃石"的交流:"这块巨石的样子,可真的和大桃子一模一样,两旁的树木就像大桃子的叶子呢!""比起我们平常吃的桃子,这个'桃子'真的太大了,怪不得称它为'仙桃'。""它就像是从天上飞下来的一个大桃子。"(桃子的"大"和来历与"仙"相联系,合情合理)"这里用了两个动词'飞'和'落',写得特别棒。"(深入到了用字的生动和逼真)其他如对"仙人指路"的交流,对"金鸡叫天都"的体悟,也是表述畅达,读出了感受,读出了联想,充分说明了学生有能力在互动共读中去深读品赏课文。

在试背课文和创意读写的最后这一教学活动中,教师恰当地结合了课文中略写的"天狗望月""狮子抢球"和"仙女弹琴"。

语文听说读写实践,在这里如瓜熟蒂落,水到渠成。

第三课　狐狸故事多,讲讲乐一乐

——统编教材二年级上册《狐狸分奶酪》课堂实录

教学目标:

1. 认识"酪、捡、俩"等12个生字,会写"咬、吵"等生字。
2. 理解故事大意,会讲故事。
3. 能读出不同角色的不同心情。

教学过程:

一、话说狐狸,导入新课

(出示卡通狐狸)

师:这位是谁呢?

生:狐狸。

师:没错,他就是著名的狐狸先生。关于狐狸的故事,你听过几个,谁来说说?

生:狐狸送葡萄。

师:是的,咱们金近小学的同学都知道这个故事,还有吗?

生:刁狐狸和傻狐狸。

师:也是金近爷爷的故事。今天,何老师给大家讲一个故事叫《狐狸分奶酪》。

二、随文识字,读讲故事

师:《狐狸分奶酪》的故事,同学们课前预习过吗?

生:预习过。

师:预习过几遍?

生:好多遍了。

生：我快预习10遍了。

生：老师要求我们至少读三遍。

师：好。你们读过那么多遍，那何老师考考你们（出示第1自然段）。这是故事的起因，我请一名同学来读。这其中几个带拼音的文字，你们应该不在话下了吧？

生：熊哥哥和熊弟弟在路上捡到了一块奶酪，高兴极了。可是，他们不知道怎么分这块奶酪，小哥儿俩开始拌起嘴来。

师：这位同学读得怎么样？

生：好。

师：第一遍就读正确了。这个自然段中有一个词不好读（出示词卡：小哥儿俩），谁能把它读好？

（生读）

师：舌头卷起就是"哥儿"，嘴巴一咧就是"俩"。

生：小哥儿俩。

师：你和他（指两个小男孩）就是小哥儿俩。小哥儿俩为一块奶酪拌起嘴来（词卡：拌起嘴来）。一个是熊哥哥，一个是熊弟弟，你们怎么拌嘴呢？哪组熊哥熊弟愿意表演表演？

生1：这块奶酪应该给我，是我先看到的。

生2：应该给我，你是哥哥，要让着弟弟。

生1：哥哥出力多，弟弟应该让哥哥。

生2：错了，弟弟小，哥哥就该让弟弟。

生1：应该给我。

生2：应该给我。

师：把"拌起嘴来"演绎得很到位。一起读——

生：拌起嘴来。

师：现在我要增加难度了。（去拼音）没有拼音了，你们还会读吗？

（生读）

师：你的声音很好听，脆脆的，像放鞭炮一样响亮。我要继续增加难度。下面这几个词，谁会读？

（出示：奶酪　怎么分　小哥儿俩　拌起嘴来）

（生读）

师：读得甜甜的，像奶酪一样。

师：如果能把故事讲出来，本领就更大了。谁能看着这两幅插图和这组词串来把这个故事的起因给大家讲一讲？

（课前将故事内容绘成6幅插图，此环节出示前两幅插图）

（生讲故事）

师：太棒了。讲故事其实不是背课文，讲故事的时候，可以根据课文的内容，加一些自己的话，也可以减一点你认为不重要的话，你再试试。

（生再讲故事）

师：真厉害。你们发现了吗，他加上"从前"，还有"这块奶酪香香的，甜甜的"。很多童话故事都从"从前"开始的。谁还愿意讲？这次讲的时候把他们拌嘴的内容也加进去。

（生讲故事）

师：瞧，他把小哥儿俩拌嘴时的语言也加了进来，这个故事变得更加生动了。

师：小哥儿俩的争论声引来了——狐狸。

（出示第2自然段：这时有只狐狸跑了过来）

师：谁能把这句话读出来？

（生读）

师：鬼鬼祟祟的狐狸出场了。（出示带拼音的第3～5自然段）自己读一读，如果有不认识的字，尽量想办法解决，如果解决不了，之后我们一起讨论讨论。

（生自由读）

师：有不认识的字吗？

生：没有。

师：这么自信！那去掉拼音再读一遍。

（生读）

师：（将狐狸、小哥儿俩和提示语用颜色加以区分）请同桌的小朋友合作读一读。

（生读）

师:读得正确不难,要读出感情就有点难了。怎样才能读出感情呢?

生:只要有感情地读就可以了。

师:能说得具体一点吗?

生:可以加上动作。

生:狐狸和小熊的心情不一样,读的时候语气要不同。

生:狐狸很得意。

师:嗯,你们说得头头是道。试读一下。

生:"小家伙们,你们吵什么呀?"

师:狐狸知不知道他们吵什么呀?这叫什么?

生:知道,这叫明知故问。

师:狐狸明知故问应该以什么样的语气读呢?试试看。

生:"小家伙们,你们吵什么呀?"

师:你们听,他把狐狸的狡猾劲读出来了。唉!这个奶酪到底该怎么分?摆在小哥儿俩面前的是一道难题。你认为这句话应该怎么读?

生:"我们有块奶酪,不知道该怎么分。"

师:瞧,他眉头紧皱,果然需要帮助。这表情一上来,味道就有了,你们也试试。

(生继续练读)

师:这时候狐狸怎么说的?

生:"'这事好办,我来帮你们分吧!'狐狸笑了笑。"我觉得好像狐狸早有准备。

师:你觉得这是怎样的笑?这句话该怎么读?

生:我觉得狐狸是狡猾的笑。(生读)

生:我觉得狐狸是得意的笑。(生读)

生:我觉得狐狸是鬼鬼祟祟的笑。(生读)

生:我觉得狐狸是皮笑肉不笑的笑。(生读)

生:我觉得狐狸是贪吃的笑。(生读)

师:说得没错。不过要是能把这个笑声放到狐狸的语言中去,那就更好了。谁来试试?

师:我先来读读怎么样?

生:好。

师:"这事好办,呵呵,我来帮你们分吧!"你看,将笑声和表情放进去就是不一样。

生:"这事好办,哼哼,我来帮你们分吧!"

师:你笑得比狐狸还要狡猾。瞧,笑声一加,狐狸活了。其实这个笑声我们不仅仅可以放在语言的中间,还可以放在前面,比如——

生读:"嘿嘿,这事好办,我来帮你们分吧!"

师:这笑声还可以放在后面。

生读:"这事好办,我来帮你们分吧!呵呵!"

师:这笑声还可以放在每个字上呢!

师:孩子们,读人物语言的时候可以关注这些提示性的语言(提示语变色),把这些情绪带进去就能读出味道。这段对话,谁能根据(出示:狐狸怎么问的?熊弟弟怎么说的?狐狸想了想)这几个提示的词语,来给大家讲讲。

生:狐狸闻到又香又甜的味道,急忙跑到两只小熊的身边,问:"你们两个吵什么呀?"这时,熊弟弟说:"我们有块很大的奶酪,不知道该怎么分,你能帮我们分吗?"狐狸咽了咽口水笑着说:"可以呀,哈哈,我来帮你们分。"狐狸接过了奶酪,把奶酪掰成了两半。

师:知道吗?我们学校马上要开展"最佳故事家"评选,你就带着这个故事去参加,准能评上奖。

师:接下来又发生了什么?(出示第6~9自然段)你们有不认识的字吗?

生:没有。

师:那我们直接去掉拼音,刚才的对话是怎么读的,你就用刚才的方法,自己读读。

(生自读第6~9自然段)

师:这段对话中,有一个字出现了很多次,你们发现了没有?

生:"咬"字。

师:(出示字卡)"咬"和"嚷"都有一个"口",不同的是——

生:"咬"有一个"口","嚷"有三个口。

生:我知道"咬"是一口一口地咬,所以是一个"口";"嚷"是说声音很大,吵起来的感觉,所以有三个"口"。

师：如果理解了"嚷"的意思，就请你读一读。

生："你分得不匀！"小哥儿俩嚷着，"那半块儿大一点儿。"

师：狐狸仔细瞧了瞧掰开的奶酪，说——

生："真的，这半块是大一点儿。你们别急，看我的——"

师：你说，狐狸在说这句话的时候，他知不知道一边大一边小？

生：知道。

师：他知不知道一点儿也不公平？

生：知道。

师：那说明——

生：他是故意的。

师：这就是狐狸著名的标记，叫什么——

生：聪明！

师：看来你是狐狸的亲戚。一般反对狐狸的都会说——

生：狡猾！

师：没错，我们要读出狐狸的这个特点，你再来读读。

（生读，指导略）

师：亲爱的熊大熊二，你们这样拌嘴，正中狐狸下怀呢？哥俩儿不吵吗？

生：吵。

师：那你们继续吵——

生："'可是现在没咬过的那半块又大了一点儿！'两只小熊又嚷了起来。"

（生读，师以提示语做指导，过程略）

师：谁能把这几段的故事讲下来？根据提示[出示词卡贴到黑板上：嚷着→咬了一口→又嚷着→又咬了一口→不停咬着（不停嚷着）→一点儿也没有剩下]讲故事。

（生讲故事，略）

师：这位同学讲得好不好？

生：好！

师：现在我们来看看故事的结果（出示第10～11自然段），该怎么读，不用我说，你一定知道。

生：小熊的话，要生着气读。狐狸的话，要得意地读。因为小熊什么也没得到，狐狸却吃饱了。

生：小熊的话，要大声地读，因为它终于发现上当了，发火了；狐狸的话，要轻声地读，因为他得意洋洋了。

师：就按照你们的意思，我请两位同学来读吧！如果能够"动手动脚"地读就更好了。什么叫"动手动脚"知道吗？

生：打起来。

师："动手动脚"就是加上些手势动作的意思。会吗？

（全都举手）

师：看来你们早就想"动手动脚"了——

（大笑）

师：我请这一对吧。

生1："你可真会分！"两只小熊生气了，"整块奶酪都被你吃光了！"（跺着脚，手指着狐狸）

生2："小熊，我分得可公平啦！"狐狸笑着说，"你们谁也没多吃一口，谁也没少吃一口。"（擦着嘴，装作无辜地搔搔头皮）

三、借助词串，复述故事

师：哪位同学能复述一下《狐狸分奶酪》？注意，这次是把整个故事都讲下来。

（生举手）

师：我给你一些词语，（出示8组词语）我们一起来读读这些词语，然后根据这8组词语的提醒，讲讲这个故事。

（生读词语）

师：好，下面就请一位同学根据词语提示讲故事，讲述对象是从没听过它的人。

生：我要回家讲给姐姐听。叫《狐狸分奶酪》。

生：从前，熊哥哥和熊弟弟在路上捡到了一块奶酪，高兴极了。可是，他们不知道怎么分这块奶酪。"这奶酪应该给我。"熊弟弟。熊哥哥说："是我先看到的，应该是我的。"小哥儿俩开始拌起嘴来。这时有一只狐狸闻见了奶酪香甜的味道，眼睛一转，跑了过来。"小家伙们，你们吵什么呀？"狐狸问道。"我们有块奶酪，不知道该怎么分。""这事好办，哈哈，我来帮你们分吧！"说着，狐狸把奶酪拿过来掰成了两半，一半大一半小。"你分得不匀！"小哥儿俩大声嚷着，"那半块大一点儿，这半块小一点。""真的，这

半块是大一点儿。你们别急,看我的——"说着,狐狸在大的这半块上咬了一口。"可是现在没咬过的那半块又大了一点儿!"于是,狐狸在那半块上咬了一口,结果第一个半块又大了点儿。狐狸就这样不停地咬着奶酪。咬着咬着,奶酪全被这只狡猾的狐狸吃光了,一点儿也没剩下。"你可真会分!"两只小熊生气了,"整块奶酪都被你吃光了!"狐狸抹了抹嘴,打着饱嗝,得意地说:"小熊,我分得可公平啦!你们谁也没多吃一口,谁也没少吃一口。哈哈哈……"谢谢大家,我的故事讲完了。

师:他讲得怎么样?

生:好!

师:好在哪里?

生:讲得很完整,具体!

生:还有表情。

生:还"动手动脚"。

师:看来"动手动脚"讲故事这一点记得最清楚了。讲得确实好,声音响亮,表情大方,还能"动手动脚"!哈哈。还有谁想讲一讲吗?

(全班举手)

师:这么多人要讲啊,这样吧,课后,你们各自找朋友去讲,当然也可以回家讲给家人听。

四、回读字词,巩固落实

师:课文学完了,还记得这些生字新词吗?

生:记得!

师:我来考考你们,我走到谁的跟前,谁就来读。

(生读:奶酪、捡到、整块、开始、帮手、长着、剩下、不匀、瞧了瞧、拌起嘴来、小哥俩儿、吵、咬)

师:这两个生字长得特别像(出示:吵 咬),你发现了吗?

生:都是口字旁。

生:都是左右结构的字,左窄右宽。

生:这些字的意思都是用嘴来完成的。

生:都是形声字。

师:我们来写写这两个字吧。(师范写:吵 咬)请你们也工工整整地把这两个字写下来。(生练写生字)

 点评

破译:基于语文要素的童话教学

周一贯

《狐狸分奶酪》是统编教材二年级上册第八单元的一篇童话故事。这一单元安排了《狐假虎威》《狐狸分奶酪》《纸船和风筝》《风娃娃》四篇课文。其中,《狐假虎威》是寓言故事,其他三篇都是童话故事。细读每一篇课文的课后习题,不难发现,这一单元的重点是培养学生"分角色朗读和复述故事"的能力。

二年级的孩子喜欢读童话故事,在他们的思维里,万物皆有灵,都能开口讲话,能像人一样思考。孩子的天性与童话充满幻想的文体特点高度吻合。但是,入选教材之后,"故事"变成了"课文",承载着一定的教学功能,希望通过"课文"教学发展学生语文能力。怎样做既能实现童话作为"课文"的教学功能,又不失它的文学本真?何夏寿老师的《狐狸分奶酪》一课给我们带来诸多启发。

一、童话的语言,"童话"的味道

童话故事的有趣首先体现在浅显、生动、幽默的语言之中。《狐狸分奶酪》中两只憨憨的小熊和狡猾的狐狸形象在语言中体现得淋漓尽致。

"你分得不匀!"小哥儿俩嚷着,"那半块大一点。"

"可是现在没咬过的那半块又大了一点儿!"两只小熊又嚷了起来。

"你可真会分!"两只小熊生气了,"整块奶酪都被你吃光了!"

当小熊争吵、生气时,狐狸是这样说的。

"小家伙们,你们吵什么呀?"

"这事好办,我来帮你们分吧!"狐狸笑了笑,把奶酪拿过来分成两半。

狐狸仔细瞧了瞧掰开奶酪,说:"真的,这半块是大一点儿。你们别急,看我的——"说着便在大的这半块上咬了一口。

……

这样的语言自带笑点,只要在语境中整体朗读,学生便可体会一二。何老师从头至尾让学生读课文,学生在与课文进行充分对话时学会了字词,学会了朗读,体会到了童话的趣味。不仅如此,何老师还采用"童话语言"为学生"煽风点火",激起学生学习的热情。我们来重温何老师的课堂语言。

"你的声音很好听,脆脆的,像放鞭炮一样响亮。"

"读得甜甜的,像奶酪一样。"

"……很多童话故事都从'从前'开始的。"

"你笑得比狐狸还要狡猾。"

"笑声还可以放在每个字上呢。"

……

何老师童话般的语言,既是对学生高度的赞扬,又巧妙地对学生的朗读进行了方法点拨,为发展学生"分角色的朗读能力"铺平了道路。另外,我们发现何老师没有对任何一处言语进行细致分析,因为,何老师知道,儿童的语言不是在语言知识的讲解中完成,而是在在语言的实践体悟中习得的,低年级更当如此。

二、童话的结构,"童话"的复述

对于自己喜欢的故事和游戏,孩子会反复地读反复地玩。在一次又一次的重复中,孩子的认知得到了提升,情感得到了释放,审美等到了强化。基于孩童这样的心理特点,反复成为童话及故事类文体最喜欢的表现手法之一。《狐狸分奶酪》中,狐狸为小熊分奶酪的过程就是反复的过程,抓住了反复,学生复述故事就水到渠成。何老师在整个教学过程中,借助图片和关键词,通过扶学、共学、独学等多种学习方式让学生"由易到难、逐步掌握"复述的要领。

首先让学生借助图片复述,当学生逐渐进入学习氛围后,让学生"加上动作、表情"复述,再是"动手动脚"的复述,到最后创设情境借助关键词,综合运用学到的方式复述。更令人称道的是,何老师教学生复述时,并没有刻意为之,更不是一次性提出复述的要求,而是根据童话故事的结构特点,分层分级推进。

"能读好故事不算什么,把故事讲出来才叫本领呢。"

"你们听出来了吗,他加上'从前',还有'这位奶酪香香的,甜甜的'。很多童话故事都从'从前'开始。谁还会讲?这会我再提高一点要求,把他们拌嘴的内容也加上去。"

这段对话,谁能根据(出示:狐狸怎么问的?熊弟弟怎么说的?狐狸想了想)这几个提示的词语,来给大家讲讲。"

"就按照你们的意思,我请两位同学来读吧!如果能够'动手动脚'地读就更好了。什么叫'动手动脚'知道吗?"

……

三、童话的天真,"童话"的情趣

童话故事之所以深受学生喜欢,是因为童话故事往往能让孩子照见自己的心灵和世界。我们成人往往将此称之为天真。何老师一直致力于童话教学,其实质是在捍卫童年,守护童真:

读到狐狸笑了笑,让学生自由地表达天真:

生:我觉得狐狸是狡猾的笑。

生:我觉得狐狸是得意的笑。

生:我觉得狐狸是鬼鬼祟祟的笑。

生:我觉得狐狸是皮笑肉不笑的笑。

生:我觉得狐狸是贪吃的笑。

通过再现这些生活味儿的场景,学生设身处地替童话中的人物思考、表达,体会到了童话故事的天真,得到了一次童年的返乡、情感的游历、生命的拔节。而这一切缘于何老师深谙儿童,破译童话秘密,还童话以"童话的情趣"所至。

第四课　预测:这根胡子有多长

——统编教材三年级上册《胡萝卜先生的长胡子》课堂实录

教学目标:

1. 读好"萝、卜"的读音,了解"愁"的含义,结合熟字,自学"沾、晾"。
2. 能借助一定的依据预测故事内容并及时修正自己的想法。
3. 初步感受边读边预测的好处和乐趣,并对预测的故事产生继续阅读的兴趣。

教学准备:

教师:PPT、胡萝卜图片。

学生:课前边读故事边完成预测单,可以完成多次预测:

预测单

我在故事的很多地方作了预测。当读到胡子沾上了营养丰富的果酱时,我就猜到胡子会越长越长。

我在故事的很多地方作了预测。当读到(　　　　)时,我就猜到(　　　　)。

教学过程:

课前谈话,聊书猜书。

师:小朋友们,你们平时喜欢读课外书吗? 都读过哪些课外书呢?

生:我读过《吹牛大王历险记》。

师:这是一本很有意思的书,敏豪生绝对是吹牛的祖师爷!

生:我读过《三国演义》,刚刚读完。

师:你太厉害了!这么小的年纪就开始读"四大名著"了!

生:我读过《绿野仙踪》,很好看!

师:下面这些书或者故事,大家读过吗?

(课件出示书名《躲猫猫大王》《团圆》《夏洛的网》《柔软的阳光》《小灵通漫游未来》《帽子的秘密》)

(有的说读过其中的一两本,有的摇头)

师:请你在没读过的书中,选一本最想读的,猜一猜里面可能会写些什么故事。

生1:我选《躲猫猫大王》。我猜故事应该写的是一个很会躲猫猫的小孩,在每次躲猫猫游戏中,别的小朋友都找不到他,每次都能获得躲猫猫的冠军。有一次,在躲猫猫中,把自己给躲没了。

(众笑)

师:把自己都躲没了,真是太厉害了!

生2:我选《小灵通漫游未来》。小灵通应该是一个百事通。有一次他搭乘宇宙飞船来到了3019年,看到了1000年以后的地球。

师:这真是一次大胆的预测。谁想接着这个话题继续猜一猜?

生3:我觉得人类1000年以后一定会发现地球以外的文明。小灵通作为地球的使者,出访其他星球,见识到其他物种长什么样,他们的科技发展到了什么程度,还可以让地球人都看看。

师:哦,你猜得真是让人大开眼界呀!接下来,我们开始上课。

一、主角登场,迁移"预测"

师:这节课,老师带来了一个很有意思的故事,咱们先来看看故事的题目,谁能读好它,读好轻声?(出示图片:胡萝卜先生)

师:读到这个题目的时候,你猜故事里面可能会写些什么呢?

生:我猜胡萝卜先生的长胡子一定给他的生活带来很多麻烦,因为我爸爸经常为了刮胡子而烦恼。

师:真好!刮这么长的胡子确实是个麻烦!

生:我猜胡萝卜先生的长胡子可以做很多造型,成为胡萝卜王国一道亮丽的风景!

师:不错!这节课呀,我们要继续用《总也倒不了的老屋》中学到的预测来读这个故事。还记得怎么预测故事吗?

(生回忆预测故事的方法:根据生活经验和常识;根据插图;根据文章中的一些线索;根据文章的题目)

二、初读课文,反馈预测单

师:这节课的故事,要从胡萝卜先生的长胡子说起。(PPT出示:胡萝卜先生常常为胡子发愁,因为他长着浓密的胡子,必须每天刮胡子)谁来读好这句话?

(生读句子)

师:"发愁"的"愁"是个生字(板书:发愁)。上面是个秋,下面是个心字底。你猜,愁为什么是心字底呢?

生:因为"愁"是心里很发愁,是一种心情,所以是心字底。

师:所以"愁"的意思就是——

生:内心感到很伤心。

(PPT出示:( )的胡萝卜先生)

师:用上"愁"字,还可以怎么说?请你带上愁的表情来说一说。

生1:(皱着眉)忧愁的胡萝卜先生。

生2:(语调低沉)愁眉苦脸的胡萝卜先生。

生3:满面愁容的胡萝卜先生。

师:同学们不仅说得好,表情也很到位!

师:上课前,我们已经学着课后小男孩的样子对故事感兴趣的地方进行了预测。接下来,我们来说说自己的预测,并仔细听别人的汇报,同一处的预测,有不同想法的,可以补充。

生:我在故事的很多地方作了预测。当读到胡子越来越长时,我就猜到这根胡子会长到令人惊讶的地步。

师:惊讶到什么地步呢?

生:胡子可能长成胡萝卜先生身体的几十倍那么长。

师:同样是这一处的有补充吗?

(边说边贴板贴:胡子越来越长)

生:我猜胡萝卜先生的长胡子可能会包围整个森林。

师:那咱们一起来演一演吧。起立!假如你们就是胡萝卜先生,跟着老师走起来哦！（PPT展示伴着轻松活泼的轻音乐走动的胡萝卜先生）胡萝卜先生吃着果酱面包走啊走！你瞧，他走过小巷，胡子就……

生：胡子就飘过小巷。

师：胡萝卜先生跨过小桥，胡子……

生：胡子就跨过小桥。

师：胡萝卜先生爬过小山，胡子……

生：胡子就爬过小山。

师：这胡子真是太长了！

（边说边给黑板上贴着的胡萝卜先生画上很长很长的胡子，直到黑板的边沿）

师：咱们接着汇报其他地方的预测。

生1：当我读到胡萝卜先生的胡子沾上面包酱的时候，我就猜到这个胡子会长长。

师：你为什么这么猜呢？

生1：因为面包酱很有营养，妈妈给我吃营养品，我会长高，胡子也是一样的。

师：哦，你这是联系自己的生活经验在猜故事。

（边说边贴板贴：胡子沾上面包酱）

生2：当我读到小男孩的风筝线断了的时候，我就猜到小男孩会用胡子做成风筝线。因为它们很像。

师：有道理，你找到了两者的相似点。

（边说边贴板贴：胡子做成风筝线）

生3：当我读到胡萝卜先生漏刮了一根胡子的时候，再结合课题，我就知道这根胡子一定会发生有趣的事情。

生4：当我读到胡萝卜先生漏刮了一根胡子的时候，我猜到这根胡子会给胡萝卜先生带来很多麻烦。

师：你当时为什么这么猜呢？

生4：因为我爸爸经常为几根胡子而烦恼，天天要刮胡子。现在胡萝卜先生漏刮了一根胡子，这个胡子长长，应该会带来很多问题。

师：猜得有理有据。现在你发现故事跟你的预测有点——

生4：不一样。

师：但是我觉得你的预测也同样精彩。这是我们读着"漏刮胡子"所作的预测。

（边说边贴板贴：漏刮胡子）

生5：当我读到鸟太太晒尿布找不到晾衣绳的时候，我就猜鸟太太会用胡子做成晾衣绳。

师：同样是这样预测的，请举手。

（全班举手）

师：非常好！

（边说边贴板贴：鸟太太晾尿布）

师：小朋友们真能干，边读边预测，每个预测都有理有据，还抓住了故事的每一个关键处，现在你能根据故事的先后，给这些关键处排排序吗？

（一位学生走上黑板给板贴排序）

师：他排对了吗？

生（齐说）：对了。

师：咱们一起来读一读这些故事的关键处吧！

（生齐读）

师：看来，大家已经读明白这个故事了。

三、续编故事，运用方法

1."胡子做成晾衣绳"续编。

师：眼睛亮亮的小朋友已经发现了，这个故事跟我们平时读到的故事有些不一样，结尾是个省略号。刚才我们已经对这个省略号进行了简单预测，大家都认为鸟太太会用胡子做成晾衣绳（贴小标题）。大家的想法惊人的一致。

师：如果我们要把这部分故事也来具体地讲一讲，你有什么好方法吗？

生：我们可以仿照"胡子做成风筝线"这部分的故事来讲。

师：真好！你发现这两个小故事在写法上，有什么相似的地方吗？

生1：我发现第一部分都是胡萝卜先生继续往前走，然后谁刚好碰到了

什么困难；第二部分都是胡萝卜先生的胡子刚好在风里飘动着；第三部分应该是胡子帮助解决了这个困难。

师：你简直就是孙悟空，火眼金睛，真厉害！简单说，第一部分讲的是困难，第三部分讲的是作用。

师：鸟太太的故事，缺的就是胡子的作用。我们先来看小男孩的这部分。这里有两句话，请两个小朋友来读。想一想：这一部分内容，作者是怎么写的呀？

生：小男孩看到胡子说的话和他怎么做的。

师：简单说，就是小男孩的语言和动作。现在，你会编鸟太太剩余的故事了吗？谁来试试？

生1："这绳子够长了，就是不知道够不够牢固。"鸟太太说完就扯了扯胡子，她确定够牢固，就剪了一段用来晾尿布。

师：找到方法，编故事变得容易多了！也精彩了！谁再来试试？

生2："这绳子真长啊，做我的晾衣绳刚刚好！"鸟太太说完就剪下一段胡子，她确定还蛮牢固的，就用来晾尿布了。

师：小朋友的故事都很不错。咱们来看看两位小朋友的预测是否正确。

（PPT出示故事原文"鸟太太"的下半截故事）

师：看来，根据故事中的线索来预测故事，是读故事的好方法！

2. 情境引路，续编故事。

师：小朋友们，鸟太太的故事结束了，胡萝卜先生的长胡子的故事结束了吗?说说预测的理由。

生1:故事没有结束,因为文章结尾是个省略号。

生2:我也认为没有结束,因为胡萝卜先生的长胡子很长很长,一定还会做很多有趣的事情。

师:故事确实没有结束。(PPT出示省略号)你瞧,胡萝卜先生继续往前走……这根长胡子说不定会来到艾丽莎身边,她正在找更多的线给她的天鹅哥哥们编织衣服呢;说不定会来到喜羊羊的身边,他正在研究捕狼神器呢;说不定胡萝卜自己刚好遇到什么麻烦,需要胡子派上用场呢!打开你的想象大门,按照自己的想法,编一段你的故事吧。

(四人小组交流故事)

师:谁能先来说说编好的故事呢?

生1:森林里熊大和熊二准备开一个派对,吹好了气球却没有绑气球的线。这时,胡萝卜先生的长胡子正好在风里飘动着。熊大说:"这根线正好用来绑气球呢!"于是熊二就扯下一段胡子,把气球绑在了一个树枝上。

师:谁来评价一下这个故事?

生1:我觉得他的故事讲得很流利。

生2:我觉得胡萝卜先生的长胡子用来绑气球,很合适。

师:小朋友的故事讲得好:既有人物的语言,又有人物的动作,具体又生动!两位同学的点评也很到位呢!

生2:胡萝卜先生继续往前走,走过一片草地。草地上,一个男孩和一个女孩正在荡秋千。突然,秋千上的绳子断了。胡萝卜先生的胡子刚好在风里飘动着。两个小孩说:"这个刚好可以做秋千的绳子,就是不知道够不够牢固。"他们确定够牢固,就剪了一段用来做成秋千的绳子。

师:哪位同学想做做小评委评价一下这个故事?

生1:我觉得胡萝卜的长胡子和秋千的绳子很相似,这个想象很好。

生2:我觉得他的故事编得很生动,讲得也很好听。

师:是的,你们说得都很好!看来,每个小朋友心里都有了一个非常有趣的故事。这么多故事,是不是都得写进故事里呢?我们来预测一下,作者接着会写几次呢?

生1:我觉得可以写10次。

生2:我觉得可以把好的都放进去。

师:咱们不忙着下结论,先来回忆几篇以前学过的故事。

(PPT展示小蝌蚪三次找妈妈的图片及小壁虎三次借尾巴的图片)

师:小蝌蚪几次找妈妈?

生齐说:三次。

师:小壁虎几次借尾巴?

生齐说:三次。

师小结:像这样反复三次的故事,在本册语文书中也有,比如《去年的树》中,小鸟三次问别人;《那一定会很好》中,大树变了三次。此时,你得到了什么启发?

生1:我觉得再加一个故事就够了。

生2:我也觉得还会再写一个故事。

师小结:差不多的故事情节反复出现三次,这是编童话故事经常会用到的一种方法。胡萝卜先生的胡子还会有很多有趣的经历,但是写进故事中,如果模仿这种写法,那么再接着写一次就可以了。这是我们根据阅读经验来预测故事。板书贴磁条:结合阅读经验。

师:到底我们预测得对不对呢?咱们来看看作者是怎么编的吧!(PPT出示作者的故事)

师:你瞧,作者往下接着编了几个小故事?

生:一个。

师:你看,跟我们预测得一模一样。给它取个小标题吧!

生:胡子成为眼镜绳。

(贴上板贴:胡子成为眼镜绳)

师:现在的胡萝卜先生还会为自己的胡子发愁吗?现在胡萝卜先生的心情是怎样的?请用一个词来形容。

生:喜悦。(板书)

师:小朋友们,这节课我们跟着胡萝卜先生的长胡子做了一次非常有意思的预测之旅。平时在阅读中,用上预测,会让我们的阅读更有味道。

预测:这根胡子有多长

板书:

 胡萝卜先生的长胡子

发愁——喜悦　　　　　　　　　　　预测:

　　　　　　　　　　　　　　　根据生活经验和常识

　　　　　　　　　　　　　　　　　　　根据插图

　　　　　　　　　　　　　　根据文章中的一些线索

　　　　　　　　　　　　　　　　根据文章的题目

　　　　　　　　　　　　　　　　　根据阅读经验

漏刮胡子——胡子沾上面包酱——胡子越来越长——胡子做成风筝线——鸟太太晾尿布——胡子成为眼镜绳

 **点评**

预测:阅读教学要找准"正确姿势"

周一贯

阅读是造就人精神世界之大事,不仅需要诸多具体方法,更要有高端的整体性的策略。何为策略?它应当是根据整体形势发展而制定的行动方针和基本方式。落实到阅读活动之中,那就是可以极大提高阅读效益的整体性的基本方略。

统编语文课本中的阅读教材,有了系统的关于阅读策略的教学内容,这是在语文教材编写上的创新。编入三年级上册教材的是"阅读预测"。在第12课《总也倒不了的老屋》里,开始通过课后习题,简要地提出了"什么是预测""怎样预测""预测的依据"等;在第13课便直接把预测的阅读策略融入于课文之中,以省略号让学生预测课文故事情节的发展,并引导学生如何作预测的练习。

"预测"也就是在阅读中预先猜测人物或事件的发展,这是一种在阅读中对后文作预想猜测,然后将后文的实际内容与猜想的内容作比较的一种阅读策略。这种测读法,会使读者的大脑始终处于积极的思维状态,心理上有急于想了解下文内容是否与猜想的内容一致的意向。因此,大脑对文字语言的选择性理解的效率便大大加快,有时只要扫视几个词、几个句子,就能从整体上把握住文本的主要内容。预测有助于发展阅读思维,促进理解,提高阅读速度和品质,从而优化语文读写的整体素养。

本教学设计能清晰地把握"预测"阅读策略的价值理性,抓住预测的训练要素。其中有以下几个方面,尤其值得赏析。

一、从激发"预测"的兴趣入手

教师如果从理性的"什么是预测""预测应注意什么"之类导入,学生会觉得与自己的距离比较遥远,没有多大兴趣加以关注。现在,教师从"你们平时喜欢读哪些课外书"入手,就会有话可聊,引发孩子对阅读的甜蜜回忆。在此基础上,教师进一步出示一些有趣的故事书的书名,让学生猜一猜,里面可能会写些什么故事？就打开了学生爱猜想的好奇心。这为之后展开如何进行阅读预测创造了必要条件。

二、在初读课文中找准"预测点"

预测须猜想,但猜想不是凭空乱想。原课文的叙述语言是猜想的依据,但教师还须引导学生在课文的叙述中,去找到可以作预测的那个"点"。这个"点"或是一个词语,或是一个句子,但隐含着情节发展的线索,所以才可以成为"预测点"。如本案例中教师从"愁"字入手,既教学了生字,又从"忧愁""愁眉苦脸""满面愁容"这些词语中让学生兴趣盎然地去预测:"没有被刮掉的那根胡子,又会有怎样的遭遇呢？""正在放风筝的男孩子,嫌线太短,看到了那根长胡子会怎么样？""碰到正在找绳子晾小鸟尿布的鸟太太,看到长胡子又会怎么样？""胡萝卜先生的长胡子还会碰到什么？"……于是预测的思维之流,方能欢快地奔涌。换句话说,找准"预测点"的过程,就是发现问题的过程,激发思考的过程,主动联想的过程……这对于挑战学生的思维无疑有着十分重要的作用。

三、从猜测中还必须同时去发现思考的依据是什么

这就要求学生在预测中必须结合具体的语言材料,使猜测有理有据。课文中是怎么写胡萝卜先生的长胡子的,有什么特征？这是必须引起学生注意的,如"胡萝卜先生为什么常常为胡子发愁？"一是他的胡子长得很浓密,二是必须每天刮。这说明他的胡子非同一般,如果刮得不仔细,就会惹祸。课文中又是怎样写他"一不小心,胡子就惹祸了？"让学生发现一天因"刮得匆匆忙忙""漏刮了一根胡子"这根"胡子沾到了甜甜的果酱",就立刻疯长起来……于是许多事情就发生了。在教学过程中,教师对这一点通过生动的对话予以强化,努力把这种寻找预测的依据做实,这也正是深读文本的语文功力之所在。

四、从猜测到续写,强化了"读写一体"的语文运用

从教材的要求看只是预测,但在本案中要求有所提升,这就是在预测的基础上把预测写下来,这就成了"续写"。这样的发展,不仅合理,而且得法。所谓"合理"就是说:既然口头上能预测了,当然就能续写,把故事(课文)补充完整,使预测更具体化。所谓"得法"就是说:从口述到笔述,在这里是儿童易于完成也乐于完成的,可以打破学生习作可能产生的陌生和畏难情绪。在阅读课堂上轻松地经历一次"读写一体"的语文运用过程。

五、猜测,重在找到阅读教学的"正确姿势"

传统的阅读教学往往以让学生接受读物的思想内容为目标,这种"接受式阅读"容易养成"死读书"的不良习惯,读者的思维只是在理解读物内容这个狭小的空间里打转。而"猜测"强调的是阅读个性化的建构。其实文本的意义是读者在阅读过程中实现的。人们通过阅读,把一种密码式的符号系统(文字和标点)转变为一种充满意义的作品。而这里的"意义"是由读者主动建构完成的,"有一千个读者就会有一千个哈姆雷特"。"猜测"正是读者对读物意义的个性化建构。正由于何夏寿老师充分认识到"预测"的这种策略价值,所以他特别在最后那个环节"情景引路,续编故事"上下功夫,也就是:"鸟太太的故事结束了,胡萝卜先生长胡子的故事有没有结束呢?"于是在继续猜测胡萝卜先生的新遭遇上,让精彩继续。显然,这样的处理正是我们要努力培养的阅读教学的"正确姿势"。

第五课 文化：文言文学习的再一种要义

——统编教材四年级上册《王戎不取道旁李》课堂实录

教学目标：

1. 认识本课"戎、诸、竞"3个生字，会写"戎、诸、竞、唯"4个字，理解"唯""信然""竞走"等词的意思。

2. 有节奏、有感情地朗读课文，背诵课文，简单复述故事。

3. 了解故事情节，体会王戎善于观察、勤于分析的优秀品质。

教学重点、难点：

1. 体会并学习王戎勤于观察、善于思考的品质。

2. 复述故事。

教学过程：

一、复习引课、趣味激情。

1. 引出。

师：同学们，三年级开始，我们曾经学过这样一些课文，它们用简单的几句话讲了一个好玩的故事，还记得它们的题目吗？

（出示：《司马光》《守株待兔》《精卫填海》三篇电子课本的图片）

这是三篇文言文，今天我们学习的也是这样一篇，出示——

王戎不取道旁李

2. 解题。

（出示：王戎不取道旁李，并指名读）

师：这个题目概括了故事主要内容，想一想，其中的"取"是什么意思呢？谁能连起来说说课题的意思？

生:王戎不摘路边的李子。

二、博学广闻、丰满形象。

1. 认识生字"戎"。(出示:戎)

认读"戎"字:这个字由两部分组成——"戈"指的是长柄兵器,"十"是铠甲的"甲",是上战场时所穿的盔甲,合起来表示争斗、战争的意思。"戎"读作"róng"。

2. 认识名士。(出示:王戎名片)

王戎是魏晋时期的名士,"竹林七贤"中年龄最小的一位。他自幼聪颖,气质不俗,有极强的辨识能力。这节课我们就来听听王戎小时候的智慧故事。

三、趣读熟背、复述讲演。

师:预习过课文了吗?一起来读读课文。

(生齐读)

师:哇,读得那么好啊。连生字都读得那么准确,我本来还准备了一些生字新词来考考大家,看来太小看你们了。

生:是。

师:一点都不谦虚哪。(出示生字新词)

"竞"(jìng),后鼻音。

"折"(zhé),它的另一个读音是(zhē 折腾)。请你观察课文插图,能理解"多子折枝"写的是什么样的画面吗?

生:李子多得压弯了树枝,果实累累。

师:这样吧,我们假装不认识,把生字连成词语读三遍,好不好?

师:我们再来读读课文。(生读)

师:听你们一读,我也特别想试试,可以吗?(师读)

师:老师读得好吗?你觉得好在哪里?

师:你想听听老师的经验是什么吗?

(将停顿符号在文中标注好)

王戎不取道旁李

王戎七岁,尝/与诸小儿游。看/道边李树/多子折枝,儿/竞走取之,唯/戎不动。人问之,答曰:"树/在道边/而多子,此必/苦李。"取之,信然。

43

师：这样读起来就有节奏，有轻有重，有快有慢，像唱歌一样，就好听了。你们要不要再试试？（生读）

师：其实，古人读故事的时候，是没有标点的，就像这样，你还能读吗？
出示：

（王戎七岁尝与诸小儿游看道边李树多子折枝诸儿竞走取之唯戎不动人问之答曰树在道边而多子此必苦李取之信然）

师：当然古人读故事，字也是直排的。你会读吗？

（生读）

| 取之信然 | 子此必苦李 | 在道边而多 | 问之答曰树 | 唯戎不动人 | 儿竞走取之 | 多子折枝诸 | 看道边李树 | 与诸小儿游 | 王戎七岁尝 |

师：当然了，古人的字和我们今天的字也是不一样的，像这样的字，你能读吗？

师：你们真聪明！我一定得想办法难住你们，请看——哼哼，还能读吗？

师：你们都是王戎吗？告诉我，你们真的认识这些字吗？

生：我们是背诵的。

师:太聪明了。你们几岁?

生:我们十岁。

师:你们简直就是大了三岁的王戎啊。太有才了。为了表示对人才的奖励,我决定请你们玩一个游戏。都玩过"撕名牌"的游戏吗?我今天请你们玩"贴名牌"。我手里有几块词牌("尝""竞走""唯""信然"的现代文),你能不能准确地将它们贴到文中对应的词下面。然后谁能看着这些名牌,用自己的话,说说这个故事的意思?

(生"贴名牌",说故事)

师:大家发现了没有,文言文特别喜欢和我们玩文字游戏,他们有的会隐身,有的会救助,有的会化装……比如这个"走",我们以为是"走路",其实它是"跑步"的意思。想想,我们以前在哪篇古文里,也见过这位老兄。

生:《守株待兔》

出示:　　　　　★守株待兔

田中有株,兔走触株,折颈而死。

★宿新市徐公店

[宋]杨万里

儿童急走追黄蝶,飞入菜花无处寻。

师:文言文除了会化装,有的还像孙悟空一样会变身,比如这个"之"字。你圈一圈,这个字在文章里出现了几次?它是文言文中著名的调皮鬼,会不断地变来变去。读文言的时候,我们要把它圈出来,通过联系上下文猜一猜,你能猜出它们在文中的意思吗?

① 诸儿竞走取之。(李子)

② 人问之。(他,这里指"王戎")

③ 取之,信然。(李子)

全猜出来了!那么我们再来读读这个小故事吧。

四、展开想象,讲述故事

师:这则文言文的意思大家都知道了,现在,如果我要让你把这个故事讲给别人听,你会吗?

师:讲故事和背故事不一样,讲故事要加上自己的话,这样听起来就会生动。比如时间很老很老的故事一开头,一般是怎样讲的?

生:很久很久以前。

师:你认为,这个小故事里,哪些地方写得太简单了,我们可以加点想象,这样故事就好听了。谁来说?

(1) 他们是天天在李树下面游玩吗?

(2) 人问之,到底问了什么呢?

(3) 取下来,怎么知道是苦的呢?

师:好了,下面请大家练练,一会儿我们来讲故事。

(生练习)

师:谁来说说,他讲得怎么样?我们给他提提什么建议呢?("添油加醋""动手动脚")

师:谁再来讲一讲?现在我要提高难度了,请你换一种角色讲。请看大屏幕——

① 学生甲:妈妈,今天我要讲一个历史人物故事给您听。话说很久很久以前,有个叫王戎的人……

② 诸小儿乙:大家好,今天,我要夸夸一个七岁的小伙伴,他叫王戎……

③ 王戎本人:在下王戎,见过各位。今日慕名来此,想讲讲"道旁李苦"的故事。吾记得七岁那年……

师:谁来点评一下?

生:讲故事的时候,如果大家能够加上适当的动作和表情,那就锦上添花了!

五、品悟形象,积累拓展

1. 同学们,故事会讲了,一定都懂了吧?我还有一个地方不太明白。

王戎说(出示:树在道边而多子,此必苦李。)

他是怎么推断出来的呢?

预设:

如果路边的李子清甜可口,想必早已被路人摘光。可是,它却多子折枝,所以一定是不好吃的缘故。

你可以用上关联词"如果……那么""可是""所以"等。

师:从这件事中,你觉得王戎是个什么样的人?能用一句文言来夸夸王戎吗?

板贴:善于观察　勤于思考

生:智者,王戎也。

师:汝慧眼识珠,亦为高材。

生:汝所言极是,甚聪慧!

生:汝如此智慧,日后必成大器。

师:尔等亦非池中之物,前途无量也!

师:这个名士故事,选自南朝宋刘义庆的《世说新语》,这本书其实就是古代版的名人故事。(出示:《世说新语》图片)

师:书中像王戎这样聪明机智的孩子还有不少,有机会可以找来读读。挺好玩的。

板书:

25　王戎不取道旁李

诸儿:竞走取之　　善于观察

王戎:唯戎不动　　勤于思考

生本视角学古文

周一贯

古文毕竟是历史陈迹,从内容到形式似乎一直存活在成人的世界里。然而,它的文化价值又决定了它不仅应该跨越岁月的阻隔,还必须冲破年龄的界限,成为全人类共有的精神财富。统编小学语文教材增选了大量的古诗词和小古文也正是这样的体现。

教学实践证明,已经在玩"编码"的当代儿童,也一样可以意趣盎然地喜欢读小古文。本案例就是一个例证,关键只是在于教师能否从生本视角去导读。这主要表现在:

一、以"鼓励"激发

儿童最喜欢得到"鼓励","听好话"是他们的天性。因为这符合他们作为一个幼小生命必须"天天向上"的天性。正如明代的王阳明所言:"教童子必使其趋向鼓舞,中心喜悦,则其进自不能已。"在本课的教学中,教师自始至终的正面表扬、鼓励,是一大特点。如:"读得那么好啊,连生字都读得那么准确,我本来还准备了一些生字新词来考考大家,看来太小看你们的智商了。""你们真聪明。"(指篆文也会读)这种称赞有道的鼓励,贯穿了全课的始终,无疑给孩子以极大动力,淡化了古文的艰涩难读。

二、以"趣味"求新

儿童喜欢读小古文的奥秘,还在于必须让他们觉得"有趣"。不怕小古文难,怕的是孩子找不到"兴趣"这位最好的老师。

何老师不仅十分重视课文内容本身存在的趣味,而且在表现形式上也能大做文章。如:"古文是不加标点的,不加标点你们能读吗?古文是直排的,那么你们对直排的课文能读吗?古人的字和今天的字也是不一样的,像这样的字(小篆)你们能读吗?"这不仅丰富了儿童对古文的见闻,而且寓

"多读""反复读"于趣味之中,让孩子反复读,能读得既新奇又不累,始终在情趣盎然中达到多读,乃至熟读,为复述课文(讲故事)打下了基础。

三、以"游戏"赋能

爱游戏是儿童的天性,在儿童学习中更多地赋予游戏的方式,可以从根本上促进其"学而不厌"。本课在能力素养上的重难点之一是背诵和复述。复述更接近于"讲故事"而有别于"背诵"。如何让儿童讲好这个课文故事,难点在于找出一些关键点,既可以帮助儿童记住故事本身,又可以作为生发故事、铺陈情节的抓手。于是在表扬同学们"读得好"的基础上"作为奖励",教师"决定请大家玩个'贴名牌'的游戏。"教师出示的词牌是"尝""竞走""唯""信然",让学生贴到与课文对应的位置上去,然后看着这些词牌,讲讲这个故事。显然,教师用抓关键词语的方式帮助孩子讲故事,以这样的游戏达到"赋能"的目的,是孩子最乐于接受的。教学实践表明,这也正是最好的以生为本教古文的策略。

四、以"奇妙"启智

课文读到这里,显然已接近"水到渠成"。可是,为什么王戎能知道路边的李是苦李呢?儿童是最喜欢"打破砂锅纹(问)到底"的,教师便不失时机地引导大家来探"奇"释"妙",借此挑战思维,激起波澜。课堂上学生相当准确地由"如果路边的李子十分香甜可口,早就被大家摘光吃了,哪里还会因果实累累而把树枝都折断了",推论出:因为没人摘,所以是苦李。当然,这样的过程呈现,还可以做得更深入细致一点。首先从"反向思考"方面看,可以从如果李子香甜可口,会有怎样的遭遇入手作发散性思维:一是野兽在晚间会争而食之;二是过路的家禽家畜,什么牛啊,羊啊,更会堂而皇之地争抢;三是道上行人众多,大家摘着吃,早就吃光了;四是当地村民更会摘着吃,即使吃不完,也会拿去卖……从而达到论据充分地完成推论:所以,这道旁李必是苦李。组织这样的课堂讨论,正是要借助这一阅读焦点,深入展开思辨活动,以挑战大脑,实现语文实践与思维发展的同步推进。这也正是当下"课改"的指向所在:教育的目标在育人,育人的关键在育心,育心的重点在育脑。

第六课 读文言雅韵，诵古人智慧

——统编教材三年级上册《司马光》课堂实录

教学目标：

1. 通过随文识字认识"瓮、登、跌"等生字，能正确跟读课文，注意词句间的停顿。

2. 能借助注释、插图等了解课文大意，并用自己的话讲故事。

3. 通过今、古文比较，多形式朗读，初步感受文言文的特点，产生学习文言文的兴趣。

教学过程：

一、古今对比，揭示课题

师：（出示"司马光砸缸"的图画）看到这幅图，同学们——

生：（迫不及待地回答）司马光砸缸。

师：原来你们都是司马光的"粉丝"啊。（众人笑）

这么说来你们应该知道司马光姓司了吧？

（有人说"是"，有人说"不是"）

师：到底是还是不是？

生：我的爸爸说，司马光姓司马。

师：你的爸爸说得对。司马光就姓司马。这种姓叫复姓，它由两个以上的字组成。除了司马光，三国里有一个很有名的人，也是复姓，叫——

生：诸葛亮。

师：没错。他姓——

生：诸葛。

师：哈哈，好一群小诸葛！

（笑）

师：读过《司马光》这篇课文的同学请举手（全班举手）。看来大家对司马光的故事都不陌生了。

（接着出示现代文《司马光》）你们以前看到的故事可能是这样的，是不是？

生：是。

师：（出示古文）今天，我们要学的课文却是这样的。一样的故事，不一样的长相。你发现有什么不同吗？

生：以前读的文章篇幅很长，而今天要学的这篇课文篇幅很短。

生：以前读的文章很好懂，今天这篇有点读不懂。

生：现代文很"胖"，这个很"瘦"。

师：咱们班同学探索与发现的能力真强。没错，和以前我们读过的文章相比，这篇文章句子短，文章也短，全文仅30个字，特别是语言表达不同，不是一下子就能读懂的。像这样用几十个字，表达出几百字甚至上千字的意思的语言，我们称之为"文言"，用这样的语言写成的文章叫"文言文"。文言文是我们的祖先留给我们的宝贵财富，大家要不要继承啊？

生：要继承！

师：其实你们早就在继承了。我们在一、二年级都读到过"敏而好学，不耻下问"，"不知则问，不能则学"，它们就是用这种语言形式来表达的，这样的语言叫什么呢？

生：文言。

师：用文言写的文章叫——

生：文言文。

师：好。今天我们就走进文言文《司马光》，大家一起跟老师写课题。

（板书：司马光）

二、跟读课文，关注韵味

师：刚才你们都说已经读过课文了，谁愿意读给我们听听？要不这样吧，我们一起读一遍。

（共读）

师：好棒，同学们读得真不错！

师:(出示图片,教学"瓮"字)这个"瓮"字比较难读,联系上下文,你知道它是什么东西吗?

生:是一个缸。

师:(出示图片"缸")请大家看着这两张图,选一选,哪个是"缸",哪个是"瓮"。

(生选"瓮"的图片)

师:对了,瓮就是口小肚大的陶器。课文中的那个小朋友就是掉进了这样一个口小肚大的瓮里才爬不出来的。

师:刚才大家读得都不错。读文言文,不仅要读得正确,还要读出它特有的韵律和节奏。请大家捧起书本,坐正身姿,跟着老师来读一读。(老师一句一句地带读两次)听清楚节奏停顿了吗?谁能学着老师的样子来读一读。

(指名再读。重点点拨:"足跌没水中。""光持石击瓮破之。")

三、图文比照,理解文义

师:你们喜欢读绘本吗?

生:喜欢。

师:前些天,我搜集了几张关于《司马光》的图片,我们用今天所学的文言,图文搭配,做成一本文言绘本故事,你们想不想玩?

生:想!

师:好的,图片来了——(出示图片,张贴到黑板上)

师:我将课文原文拆分成几个词条,请将这些词条匹配到相应的图片

下面。

生：我来！我来！

（师指名一生贴）

师：大家看他贴得对吗？在判断他正确与否之前，我们先来看课文首句，"群儿戏于庭"这句话的意思是什么，谁来告诉老师？

生：一群小儿在庭院里玩游戏。

师：对，谢谢你。那"一儿登瓮，足跌没水中"的意思呢？

生：一个小孩子爬上了瓮，不小心掉到里面去了。

师：太好了，你将整句话都讲明白了。"足跌没水中"，"足"就是脚，"跌"字，看其字形就知道是失足摔倒的意思，连起来翻译就是失足摔倒淹没在了水中。大家想想这是多么危险的情况！谁来读一读？

（生读）

师：下面这张图对应的是这句话，大家读一读——

生：众皆弃去。

师：什么叫"众皆弃去"？

生：大家都逃走了。

师：为什么要逃走呢？

生：他们都知道情况不妙。

生：他们都被吓跑了。

生：也许是有人跑去喊大人了。

师：你看，这么简洁的一句"众皆弃去"，就让我们看到了一片混乱的场面。文言文虽然语言简洁，但是其表达的意思真的很丰富。让我们回到内容，大家都跑了，看来这个孩子没救了，是不是？

生：不是。还有司马光呢？

师：书上写了吗？

生：写了，即第四张图"光持石击瓮破之"。

师：图上画的是什么？

生：司马光用石头在砸瓮。

师：好机灵的司马光啊，我们也一起学着司马光做做砸瓮这个动作。

（生表演"持石击瓮"）

师：司马光，你是在练武功吗？

生：不是的。

师：那是在干什么？

生：我在"持石击瓮"。

师：为什么要把好好的瓮给砸碎？

生：因为有人掉进瓮里了。

师：多危险呀！你为什么不跑呢？

生：我如果跑了他就没命了。

师：可以跑去喊大人啊？

生：等大人来时，他早就死了。

师：好一个聪明果敢的司马光。既然你这么聪明，我再考考你，这里的"之"指什么？

生：就是瓮。

师：你怎么知道的？

生：我猜的。

师：你姓什么？

生：我姓马。

师：怪不得，原来名字里都带"马"字，一猜就中，一马当先。

（生大笑）

师：没错，这里的"之"就代表着瓮。那为什么不写"瓮"而用了"之"字呢？除了姓马的同学，其他人都举一下手。

（生举手）

师：我们不妨先把这个"之"改成"瓮"来读一读。

生：（读）"光持石击瓮破瓮"，短短的一句中就有两个"瓮"字，重复。

师：那再读读这句的课文原文。

（生读"光持石击瓮破之"）

生：还是原文好。

师：在文言文里，经常会用这个"之"代表前面讲过的某人、某事、某物。它是一个非常"著名"的字，我们亲切地和它打个招呼吧。

生："之"，你好！

师:读了课文后我们了解了司马光是个什么样的孩子。

(生自由说,师相机板书:善良 冷静 聪明 勇敢……)

师:司马光砸瓮后,结果如何?请用书上的话说。

生:"水迸,儿得活"。

师:翻译成现代汉语就是——

生:水流出了,小儿得救了。

师:到此为止,我们不但给图片配上了文字,而且还完全读懂了这个绘本。其实读文言文也简单,只要我们根据注释想,联系意思猜,看着图画悟,就能读懂文言文了。

四、对比语言,感受特点

师:接下来,我请同学挑战一下,去掉图片,你还能用自己的话讲讲这个故事吗?

生:能!

(生讲故事)

师:故事讲得真好。你发现文言文和现代文最大的不同是什么?

生:文言文字数少。

生:句子很短,意思丰富。

师:这叫言简义丰。我们再来读读这篇新鲜好玩的课文。

(生读全文)

五、多元朗读,积累语言

师:读得不错。其实古时候的文章都是没有标点的,如果我们去掉标点,你还会读吗?

生:会读。

师:我们来试试。(出示无标点的课文)

(生读)

师:还有,古时候的文字都是竖着排列的,这样你们还会读吗?

生:会。

师:我们一起站起来读一读。

(起立诵读)

师:今天回家后,你们的爸爸妈妈听说你们学习了一篇文言文,他们会觉得很新鲜,让你们背一背,你们会背吗?现在,假设我是你们的爸爸,你们班有多少个学生?

生:36个。

师:太幸福了,我有36个孩子,而且都叫司马光。(笑)

(生背)

师:背得太好了,孩子们,我要奖励你们一张名片,请看——

(出示司马光的名片)

司 马 光
北宋时期著名文学家、史学家、政治家
主持编纂了中国历史上第一部编年体通史《资治通鉴》

 **点评**

古今比对，为阅读文言文起步降低难度

周一贯

三年级的孩子一开始阅读文言文是有难度的。但如何在起步时让孩子读好，直接关系到以后的古文阅读。这里的关键在于如何让孩子"喜欢阅读，感受阅读的乐趣"（《义务教育语文课程标准》（2011版））。赏析本案例的聚焦点，也应当在这里。那么，教师是如何突破这个难点的呢？

一、充分发挥"图"的教学功能，以图导文

在语文教学中运用图画在我国古代的识字教材中就已出现。之后，在教科书的不断改进中，教学中运用的图画亦趋于精美、完善。1932年开始，先后印行40余次的《开明国语课本》，课文由叶圣陶先生创编，每篇课文又由丰子恺先生绘制插图。于此，足见图与文的相互印证、映照，及其对语文教学的重要价值。这是因为语文是一门极富人文内涵和审美艺术的课程，图文并茂对于启迪学生的智慧，激发学习的兴趣，让学生去理解、感受语言文字的魅力都具有独特的作用。

初读小古文，充分发挥"图"的功能，也正是本案例教学的重要特色。教师不仅充分运用了课文插图，还以一组自选的6幅图片要求学生用课文中的语句给绘本配文言说明。显然，这样的图文对照，对于帮助学生理解文言文的意思有十分显著的推进作用，而且以文配图使学生学得情趣盎然，特别是对贴得不对的词句的推究，更具有促进解读、激发思维的价值。

二、以文言和现代汉语的同文比较，以熟带生

文言文《司马光》虽有阅读难度，但以现代汉语写就的《司马光》故事，孩子们并不陌生。教师充分运用了这一点，让大家从"已知"去融合"未知"，让学生因新奇而萌生快乐。这堂课的导入，教师并没有让学生去直接面对文言文，而是先调查有多少学生了解司马光的故事，并出示以现代汉

语写就的《司马光》。这一铺垫看似顺手而为,实际上对于帮助学生欣喜地接受文言文《司马光》有十分重要的作用。教师作这样的古今比照,不仅缓解了学生因初次接触文言文可能产生的畏难情绪,而且使他们对文言文产生新奇感,从而,对他们"喜欢阅读、感受阅读的乐趣"产生了积极意义。

三、在关键词语上下功夫,以"点"导"面"

毕竟是文言文教学,教师并没有只借助于"图"和"现代文",没有让教学流于表面,而是抓住了文言文中重要的"知识点"和思想内容上的"汇集点",深度解读:如"瓮"与"缸"的区别,对"足跌没水中"的解读,围绕"众皆弃去"的深度对话,对"之"这一虚词在课文中的所指,"持石击瓮"的利害关系掂量等。如此以"点"的深入思考,带导"面"的整体感知,使解读得到了整体推进。当然,在这方面还可以做得更透彻些。如从文章的结尾"水迸,儿得活"处,不妨让大家说说司马光的智慧表现在哪里,司马光为什么不用"让小儿离开水"的办法去救,而用"让水离开小儿"的办法去救……这样挑战思维会更有乐趣。

四、在风趣的对话中让学生充分地朗读、讲故事,以"法"助"学"

教学的本质,离不开对话的承载和推进。教师与学生间风趣而有质量的交流,在实现本案例的教学目标方面,有着根本性的保证作用,这也是何夏寿老师的课堂艺术特色之一。正是由于对话的生动和高效,课堂教学的推进步步生风,也让学生在朗读和讲故事中深化了对文言文的感受。所以,良好的教学方法无疑是助学的必要条件之一。

第七课　比较中知诗意,整合中品诗情

——统编教材三年级上册《古诗三首》课堂实录

教学目标:

1. 用统整比较的方法学习写山水诗,发现其特点。
2. 开启想象,感受诗中景色。能用自己的话说说"湖光秋月两相和,潭面无风镜未磨"的意思,感受湖光山色的壮美。
3. 创设情境,诵读、积累古诗。

教学过程:

一、初读古诗,学习字词

师:第一次见面用什么方式最好呢?我说用歌声最好。我们来唱一首歌,好不好?

生:好。

(随着一曲《春晓》的旋律响起,学生跟唱,那清脆稚气的歌声让人不禁跟着哼唱)

师:我听到你们的歌声了,声音大一点更好,再来点掌声更好。

(学生边鼓掌边唱,声音洪亮有力)

谢谢大家,下面我给大家唱一首,想听吗?

生:(兴奋不已)想!

(师用戏曲曲调演唱《饮湖上初晴后雨》,抑扬顿挫的旋律婉转回荡、洋洋盈耳,学生掌声热烈)

师:谢谢你们,大家知道今天学的是什么课文吗?

生:(大声说)知道,《古诗三首》。

师:没错。上节课大家已经学习了李白的《望天门山》。怎么样?美

不美？

生：美！

师：是的，大美，壮美。这节课，我们来学习另外两首同样美的诗。

师：第一首就是老师刚才唱过的《饮湖上初晴后雨》，作者是宋代的苏轼。我们来读读课题——

生：《饮湖上初晴后雨》。

师：大家肯定预习过了。谁来告诉我，《饮湖上初晴后雨》，课题是什么意思？

生：在西湖上喝酒。

师：解释这个课题，关键要理解"饮"的意思。对了，"饮"是喝的意思。喝酒，在湖上，天气如何？

生：先是晴天，后来下雨了。

师：你再整理一下，课题的完整意思就出来了。

生：在西湖上饮酒作乐，天气先是晴天，后来下雨了。

师：真好！声音水灵灵的，真好听。古诗里面，最喜欢和小朋友玩文字游戏了。有时候明明意思在前的文字，会跳到后面去，而明明意思在后的文字，却偏偏跑到前面。比如说这个"饮"字，它就跑到前面去了。这个小朋友很聪明啊，他在理解意思的时候，把这个"调皮鬼"找了出来，给它排排队，放到这儿（课件演示）。当然朗读的时候，我们假装没看见。一起来读这个课题——

生：（齐读课题）《饮湖上初晴后雨》。

师：这首诗的作者曾在杭州任职，他的名字叫——

生：苏轼。

师：真好。这节课学习的第二首诗，是老师没有唱过的——（出示课题）

生：《望洞庭》。

师：作者是唐朝的——

生：刘禹锡。

师：他的诗沉稳凝重，白居易以"诗豪"赞美他。苏轼喝彩的是西湖，刘禹锡点赞的是洞庭湖。大家都预习过没有？

生:预习过了。

师:会读这两首诗吗?

生:(充满信心)会!

师:我们一起读一读这两首诗——

生:(齐读)两首诗。(师用手打着节拍)

师:哇,你们第一次读,就读得那么好,真了不起!本来我还准备考考大家的生字、新词的预习情况,现在看来这些都太小儿科了是不是?

生:是(也有学生说不是)。

师:有的同学说是,有的同学说不是。

师:还是过一下吧。每个生字读两遍,如果你觉得这个生字同时也是个新词儿,那就连起来当作一个词读两遍,开始吧。

生:(齐读)苏轼。

师:真聪明。

生:(齐读)潋滟、亦、抹、庭、刘禹锡。

师:这个读得更好了,没有读成"禹锡",一起读——刘禹锡。

生:(读生字)刘禹锡、未磨、盘。

(生齐读生字。听课的教师鼓掌)

师:不错。再来考考大家,这几个生字里有两个生字穿着"绿衣服",说说这是为什么?("抹"和"磨"两个多音字教学)

生:多音字。

师:说说这个"抹"还有一个什么读音?

生:抹 mā。

师:我们在二年级的语文园地的时候学过这个不同读音,一起念出来——

生:抹布。

师:这个"磨"还有一个不同读音叫 mó,当工具用的时候就念 mò,此外都念 mó。

二、比较阅读,体悟写法

师:生字读熟了,多音字也知道了,现在读起来一定更棒了,我们把生字和多音字放在古诗里,请大家好好地读一遍。我想把全班同学分成两个组读,好不好?

生:(响亮地回答)好!

师:比一比哪一组读得好。第一组——青蛙王子组,男生来做,起立。第二组女生的白雪公主。青蛙王子队,你们就读第一首《饮湖上初晴后雨》,起——

(男生齐读)一本正经,表情严肃。

师:真棒!太了不起了,声音亮亮的,脆脆的,读得有板有眼有节奏,请坐下。白雪公主有压力吗?敢于站起来读吗?

生:(信心十足站起来)敢!

女生齐读第二首——《望洞庭》面带微笑。

师:自我感觉怎么样?

生:还好。

师:比较谦虚,其实你们真的不比刚才那组青蛙王子差,而且从某种意义上来说,你们更注意了两个方面。第一读出了古诗的韵味,第二读出了这首诗的感情,这是苏轼在为西湖点赞,我们应该用赞扬的口气来读。节奏感和音乐感都读出来了。看到你们每个人都笑眯眯的,看到这么好的湖光山色,你们觉得——

生:很美。

师:不过对于三年级的小朋友来说,光会读诗还不是最厉害的。

生:要会背。

师:我们来玩更厉害的,谁能够根据老师说的话,猜一猜这是哪句诗,还玩不玩?

生:(学生兴奋不已)玩!

师:请听题,如果把西湖比作美女西施,不管是淡妆也好浓妆好,总是一样漂亮、美丽。一起说——

生:欲把西湖比西子,淡妆浓抹总相宜。

师:真聪明,再来一句。这次我不说话,你就看着一张图,猜猜是哪句诗?(出示图片:远远看去洞庭山一片翠绿,好像白银盘里装着的一颗青色的田螺。)

生:遥望洞庭山水翠,白银盘里一青螺。

师:大家有意见吗——一起来读。

生:遥望洞庭山水翠,白银盘里一青螺。

师:还真难不倒你们。不过现在更难得来了,还玩不玩了?

生:(兴致高昂)玩!

师:我要大家看着这两句诗(出示:欲把西湖比西子,淡妆浓抹总相宜。遥望洞庭山水翠,白银盘里一青螺)想一想,这两句诗里有哪些相同的地方? 也可以翻开书本第 74 页。允许同桌或者四人小组讨论,请你们找一找,比一比,发现一处说一处。谁先来——

生:都是描写山水。

师:专门写山水的诗叫山水诗。这是他的发现,还有吗?

生:都用了比喻。

师:哪里用了比喻呢?

生:欲把西湖比西子,白银盘里一青螺。

师:"青螺"其实是什么?

生:湖中的山像一个青螺。

师:白银盘指什么?

生:湖水。

师:这个同学发现了都有比喻,还有吗?

生:这两个都是说杭州的。

师:你人有家乡意识了。不过,洞庭湖可不是浙江的,是人家湖南的。

生:都是写湖的,一个是西湖,一个是洞庭洞,都很美的。

师:现在,我请一个同学把刚才这几个同学说的给归纳一下,有哪几个相同的地方,比如第一、第二、第三,用这样的方式说。

生:第一,这两句诗都用了比喻的方法来表现喜爱之情的;第二,苏轼用了一个比喻,刘禹锡用了两个比喻;第三,这类诗叫山水诗,用来歌颂山水的;第四,都介绍了一个非常著名的旅游景点。

师:你简直就是我的老师,谢谢! 不比不知道,一比吓一跳,原来这两诗里有这么多相似的地方。下面,我们再好好地读一读这两首诗。(齐读)

三、解释诗句,想象诗意

师:现在老师又有问题了,刚才大家都说"欲把西湖比西子"是个比喻

句,还说把西湖比西子,那么你知道西子是谁?

生:西施。

师:你知道西施是谁吗?

生:古代美女。

师:你想不想看美女?

生:(不好意思地支吾)

师:别不好意思的,一起看看吧。(出示西施图文)我们一起读一读介绍。

生:自由朗读介绍,中国古代四大美女之一,她用自己的才华和美貌拯救了国家。

师:读到了哪些信息?

生:中国古代四大美女之一。

师:(出示西施名片)那为什么不写西施呢?

生:因为西施拯救了越国,为越国作出了贡献,所以叫西子。

师:没错,"子"是古代对有道德有水平人的尊称。你还知道哪些带"子"的名人?

生:孔子,孟子,老子……

师:对了,孔子地位很高,那就把这句诗改为"欲把西湖比作孔子"好不好?

生:不可以,因为后面说了淡妆浓抹了。

师:淡妆浓抹是什么意思?

生:意思就是形容女子的妆容或浓或淡。

师:这首诗中有写西湖的美吗?

生:把西湖比作了西子。

师:这个我已经知道了,西湖哪个地方的美景作者已经写出来了?

生:水色。

师:把它读出来。

生:水光潋滟晴方好,山色空蒙雨亦奇。

师:这两句话写了西湖之美,美在水色,美在山色。(出示西湖风景)我这里有两张画,猜一猜,哪一张是水光潋滟的美,哪一张是山色空蒙的美?

生:(学生被图片所惊艳)下面一张是水光潋滟,上面一张是山色空蒙。

师:水光潋滟美在哪里呢?

生:晴天,方好。

师:山色空蒙的时候是雨天。

生:雨天,亦奇。

师:现在我们明白了,晴天,湖面上(水光潋滟),很好;雨天,(山色空蒙),很奇。我们一起把这句诗连起来读一读。

生:(齐读)水光潋滟晴方好,山色空蒙雨亦奇。

师:哪位同学再来读一读,重点读出西湖的美!

生:水光潋滟晴方好,山色空蒙雨亦奇。

(其他学生跟读)

师:刚才我们看着文字想象出画面,现在到最难的时候了,(出示图片,指导看图)看着图片想一想,这张图是哪一首诗中的哪一句诗?拿出笔画一画,同时想一想这句诗的诗意是什么?有两个问题,听清楚了吗?开始动笔吧(学生圈画)。

师:现在我们来交流一下,你来说。

生:这幅图是《望洞庭》中"湖光秋月两相和,潭面无风镜未磨"这一句。

师:诗句找到了。那么,诗句的意思会说吗?

生:月光和水色相融在一起,湖面就像没有打磨过的铜镜。

师:你讲得真好,你姓什么?

生:我姓唐。

师:在古代的话,称他为"唐子"。

生:唐子。

师:我们再来读一读:湖光秋月两相和——

生:潭面无风镜未磨。

师:读得有些拖,请唐子同学带大家读一读。

生:湖光秋月两相和,潭面无风镜未磨。

(生齐读)

四、诵读古诗,升华诗情

对了,我想起一件事,今年十一,我去绍兴景区旅游,看到一个地方在

搞"你背经典我送礼"活动。假如有一天,西湖和洞庭湖推出这个活动,你们会去参加吗?

生:会。

师:哪个同学来参加,我挑一个。告诉老师你姓什么?

生:我姓刘。

师:我是西湖旅游公司的,欢迎来参加"你背古诗,我送礼"的活动。你会背苏轼的《饮湖上初晴后雨》吗?

(生背诵流利、顺畅)

师:西湖美不美?

生:美!

师:是的,西湖的晴天是美的。

生:西湖的雨天也是美的。

师:水光潋滟是美的。

生:山色空蒙也是美的。

师:答得多好,这个礼送不送!

生:送!

师:我先欠着,现在我再挑一个女同学上来。我问你,现在老师应是哪家旅游公司的?

生:(毫不犹豫回答)洞庭湖!

师:欢迎你参加洞庭湖旅游公司推出的"你背古诗,我送礼"的活动。这位同学,给我们背背《望洞庭》如何?

(生摇头晃脑地开始背诵)

师:背得怎么样?(生鼓掌)陆同学背得真好,而且她笑眯眯的,让人感觉月光下的洞庭湖也是恬静美丽的。我还想代表旅游公司问你一个问题,刘禹锡去月光下看洞庭湖为何带着镜子?

生:他没带镜子。

师:那"潭面无风镜未磨"中不是有镜子吗?

生:那是他把洞庭湖水比作了镜子。

师:哦,原来是这样啊!洞庭湖水在月光下特别平静,就像一面没有被打破的镜子一样。感谢你解了我的困惑!

你们说,这个礼送不送?

生:送。

师:还有人要背诗吗?

生:(大声回答,气氛热烈)有。

师:那我们就一起背吧!(全班背诗)

师:都很好,都应该有礼。这样吧,老师就给大家送一个集体礼,好不好?

生:(兴高采烈)好!

(音乐起,师用戏曲曲调演唱《望洞庭》,生边和节拍边唱)

师:这个礼物好不好?

生:(学生激动鼓掌)好!

师:那就将它带走吧。

(生学唱"白银盘里一青螺")

师:下课,同学们再见。

生:(意犹未尽,沉浸在歌声中)老师再见!

趣教古诗：在比较中循"戏"悟理

——简评何夏寿老师的古诗比较阅读

周一贯

打开统编语文教材，传统文化的魅力，可谓直击心扉。这里有山水写意、民间剪纸、戏曲人物、节气歌谣……特别是古典诗文，在12册教材中更是占到了总量的三分之一。以一年级上册为例，入选了《咏鹅》《悯农》《古朗月行》《风》等诗作。然而，儿童毕竟年幼，面对迥异的语言形式和不同的社会背景，理解古诗文存在很大障碍，因此在诵读古诗文中如何开展"童趣"的教学新路，能够从儿童心理特点和认知规律入手，读出儿童喜欢的情味来，是一个很值得研究的课题。

在这方面，特级教师何夏寿的《比较阅读〈饮湖上初晴后雨〉〈望洞庭湖〉》是一优秀课例，颇能独辟蹊径而又适应儿童，归纳起来有以下五大特点：

一、以儿童语言构建对话

"对话"是教学活动最主要的载体。古诗的特点是高雅、深邃的，要让儿童喜欢古诗，可不能从高雅、深邃处入手，而应以生动有趣的语言，方能构建起对话的言语氛围。在本课的教学中，教师首先用戏曲（越剧）演唱《饮湖上初晴后雨》入手，立即引起了儿童的注意和兴趣，对课题《饮湖上初晴后雨》，将动词前置的特殊文言名式，说成是"古诗非常喜欢玩文字游戏，引出应当在前的文字，偏偏藏到后面去，而明明在后的，却要跑到前面去。我们学古诗的时候，要把这个调皮鬼找出来，帮它排好队，这才能明白句子的意思。但是，诵读的时候，我们又要假装没看见，还是这样读。"教师作如此戏说，不仅深入浅出地正确引导儿童解读诗句，而且能从孩子的心理特点出发，让他们觉得古诗可爱而不乏味。总观全课的教学过程，教师对教程的稳步推进,基本上都是由这样的儿童言语来承载,来沟通的。所以笔者要特别强调这一点,就是针对小学生(尤其中低年级)的古诗教学语言,应当从符合孩子心理特点的语境来构建,这无疑应是"趣教古诗"的起点,也是它的基本立足点。

二、以比较阅读激发思维

何夏寿老师执导的是统编本语文三年级上册的第六单元第17课《古诗三首》,有《望天门山》《饮湖上初晴后雨》《望洞庭》三首古诗。何老师把后两首放在一起学,目的是为了展开比较阅读。有比较才能有辨别,才能为学生思维的展开找到依托和参照,这对三年级的孩子也不例外。教师正是充分地利用了这种比较机理来层层推进学生的感性和理性思维,从而达到了提升学习深度的目的。如朗读时要学生明白苏轼喝彩的是西湖,但刘禹锡点赞的是洞庭湖。如在听句子(教师读)猜诗句(学生猜)时要学生比一比,这两句诗中有哪些相同(都是山水,都用比喻,都写出不同的美。)应当说,这种比较阅读的方法是贯穿了全课的,非常适合于儿童的心理特点。

三、以图文对号打通读解

插图在小学语文课本中扮演着十分重要的角色。这是因为语文是一门极富人文内涵和审美艺术的课程。而孩子以形象思维为主,又十分喜欢读图。所以何夏寿老师不仅充分运用了课文中的插图,而且还根据教学的需要补充了一些十分重要的画面。如在认识"西子是谁"时出示的西子画像,在认识白银盘和螺的比喻时则问:这张图片中,白银盘在哪里?青螺在哪里?除此以外,教师还安排了"以图画猜诗句"的活动——"请你看看这些图片,猜猜是可以指哪些诗句的?"哪一幅图片反映的是"水光潋滟"?哪一幅图片是"山色空蒙"?……特别是对"潭面无风镜未磨"这一句,让学生仔细观测图片,联系"湖光秋月两相和"分析理解写洞庭湖的"镜未磨"是在什么季节?什么时间?等等。在读解诗的关键处,教师都运用了相关的图片,用形象的感知印证相对比较抽象的诗句,使图片发挥了极妙的作用。这不仅充分吻合了儿童长于感知的心理特点,也充分体现了山水诗的"诗情"中有"画意","画意"中有"诗情"的互补相衬。

四、以游戏方式循趣悟理

儿童文化的精神是游戏精神,把爱游戏说成是儿童性格也不为过。为此，年幼的小学生学习古诗，尽可能采用游戏的方式引导儿童读解古诗是教学的关键。何老师课上采用的游戏方式很多，也很有效。如开课分别由教师将两首诗以越剧的唱腔来表现，很受小朋友的喜欢。其他如"讲读接龙"，由教师说解释，学生接着读出相关的诗句。看图辨句，从出示的图片中，由学生读出相应的诗句，并说说理由。浏览送礼，借用某些旅游景点开展的"你背经典我送礼"活动的特点，假如有一天，西湖和洞庭湖也推出这个活动，你能去背出经典收入大礼吗？接着便让学生试一试。在这种游戏方式的推动下，学生当堂就背熟了这两首诗。

五、以"点"上开花得其意趣

对于特别重要的解读点，教师也以游戏方式，抓住不放，以点上开花的方式，使儿童很快地得其意趣。如在讨论"西子是谁"时，让学生讨论为什么西施可以称西子，再介绍她为越国作出贡献，由此引出知识点：有道德、有水平的人可以尊称为"子"，又由这个话题让学生列举出孔子、孟子、庄子……接着从"能把西湖比作孔子吗"引出孔子是很伟大，但不是美人，然后导入水光潋滟的晴好，山色空蒙的雨奇。淡妆和浓抹都是那样的美丽……这样，抓住一点一个"子"字，拓展到全诗，深入浅出，让学生在意趣盎然中品赏了诗句的丰富意蕴。

对于同一古诗，虽然意蕴是一样的，但因为读者的不同，解读的途径和方式却不会是完全一样。尤其对成人和儿童来说，差别就会更大。如何在小学的古诗文诵读中构建一条适合儿童的合理而有效的感知渠道，另辟一条"趣教古诗"的教学空间？何夏寿老师的课堂实践是一个很有益的尝试。

第八课 怪异英雄的传奇

——统编教材三年级下册《枣核》课堂实录

教学目标:

1. 学会用列表格、填词句等方法具体复述故事。
2. 运用联想、预测等策略,续编故事。
3. 感受枣核的勤劳聪明,乐观开朗。

教学过程:

一、创设情境,引入新课

师:有一类故事,不是作家写的,而是由老百姓编的、口头讲的,这类故事叫民间故事。大家一定听过民间故事吧?我们一起来猜猜——

(投影出示《女娲补天》图片)

生:《女娲补天》。

师:再来看一段小视频。(播放动画片《哪吒》)

生:《哪吒》。

师:接下来我们来唱一首全中国小朋友都会唱的歌——(音乐《葫芦娃》,学生齐唱)

师:民间故事有趣好玩,今天我要向大家介绍一个民间故事,这个故事是这样的——

现在我要讲故事了。注意,如果你已经猜到老师讲的是什么故事,请先不要出声,假装没听过。你可以特别注意老师讲故事时的语气、语调、表情是什么样的,好不好?

生:好!

师:(讲第1自然段故事,略)引题——《枣核》。

师：你吃过枣吗？

生：吃过。

师：知道什么是枣核吗？

生：就是枣中间的核儿。

师：这个故事里的枣核指什么？

生：是一个枣核大小的孩子。

师：这个枣核不是那个枣核，那个枣核不是——

生：这个枣核！

二、检查自学，梳理故事

师：真好。大家都预习过这个故事了吧，我来考考大家，这句话会读吗？

（投影出示）牲口没了，官府岂能善罢甘休。天一亮，县官就带着衙役去捉人。

（生齐读）

师：太好了，这个句子中藏着好多生字。（投影生字的音节）你看这么多，现在大家都能把它读出来了。谁能把生字读成词语呢？

生：牲口、官府、善罢甘休、衙役。

师：这声音真好听，我珍藏起来了。同学们，这个故事有点老，有些词语现在不常用了，你们还能说出大致的意思吗？

生：能！

师：好，我来考考你们，官府是什么意思？

生：官府就是当官的人。

师：没错。再来一个，衙役呢？

生：给当官的当卫士。

师：真好。现在我问你，这个故事的主人公是谁？

生：枣核。

师：谁能用简洁的话告诉老师，枣核是一个什么样的人？

生：枣核不但勤快，而且很聪明。（投影出示"枣核不但勤快，也很聪明"）

师：从哪里看出枣核勤快呢？

(投影出示)枣核天天去干活,学会了好多本领,他能扶犁、能赶驴,柴比别人砍得多,因为别人上不去的地方他也能上去,他一蹦就能蹦到屋顶上去。

师:说实话,我也预习了,可是我还没看出他哪里聪明了。谁来告诉我?

生:他赶回了牲口。

生:他斗败了县官。

师:是啊,我知道了,这个故事,主要在讲枣核很聪明。

三、运用表格,记忆情节

师:可是,老百姓说了,山歌是用来唱的,故事是用来讲的。如果我们能把故事讲下来,那就真正厉害了。玩不玩?

生:玩!

师:要讲故事当然得记住故事大意。这个故事有点长,怎么来记住呢?我推荐给大家一个法宝,大家想要吗?我把这个法宝藏在一个魔袋里。要打开魔袋,得学会念咒语,我悄悄地告诉大家咒语——魔袋魔袋,快快打开!

生:魔袋魔袋,快快打开!

师:魔袋开喽,法宝来了(出示表格)。

生:表格啊?

师:大家不要小看这个表格,它很管用的。你知道老师小时候是怎么记住故事的吗?对了,全靠这个表格。现在,我教大家怎样使用表格吧。

事件	起因	经过	结果

师:表格的第一格写着事件,它在提醒我们把事件填到下面的空格里。我们来回忆一下,枣核做了哪两件事:第一件是——

生:赶回牲口。(投影填写"赶回牲口")

师:第二件呢?

生:斗败县官。

师：(投影填写"斗败县官")接下来，我们来说说第一件事，为什么要去赶牲口？

生：因为牲口被衙役给抢走了。

师：这个空格中填"牵走牲口"。(投影填写"衙役牵走牲口")

师：枣核知道后，他是怎么做的？

生：蹦到驴耳朵里吆喝。

师：这个格子里填"吆喝"，(投影填写"吆喝")吆喝了一次吗？

生：两次。

师：读读书，到底几次？

生：三次。

师：对喽，在故事里，重要的事情一次肯定不够，两次也太少，三次刚好。那我们就要填三次。(出示：吆喝吆喝再吆喝！)

师：枣核为什么要吆喝三次呢？

生：把衙役搞得累死。

生：把衙役麻痹掉。

师：是的，这就是枣核的聪明。结果呢？

生：牵回牲口。

师：(投影填写"赶回牲口")你看看，赶回牲口这件事就填完了。一件事就简简单单搞定了。

师：枣核干的第二件事，大家会填吧？自己填吧，可以看书。

(生填写)

师：现在我们来校对一下(投影出示)特别说明，你填的只要有"蹦"这个字，都算填对啦！蹦几次？

生：三次。

师：你真是个枣核，小精灵！第一件事，写枣核的聪明是"吆喝吆喝再吆喝"，这回，写枣核聪明的是一蹦一蹦又一蹦。

四、根据表格，复述故事

师：好了，下面我们就可以根据这个表格，把故事讲给同桌听。行不行？

生：行！

师:我看有几个同学还没有底气说行,如果觉得自己还不行,这样吧,我们可以再读读课文,开始吧!

(默读后,指名一生讲故事)

师:讲是一种本领,听更是一种水平。听了刚才这位同学的故事,你认为他可以得几颗星呢?(出示讲故事的要求:自然流畅、语调多变、表情丰富)

生:6颗星!

(指名一生讲第二个故事)

师:讲得自然通畅、绘声绘色,模仿人物的语言惟妙惟肖,栩栩如生。他的故事起步价多少——

生:6颗星。

师:不,6个枣核。想想,一个枣核都那么聪明勇敢了。6个,哇,那是不得了的聪明。下课后,送一颗给老师好不好?

生:可以!

师:6个枣核,你将来想做什么?

生:不知道。

师:这不是明摆着的吗?——当演讲家!

五、开启想象,续编故事

师:亲爱的宝贝们,我有一句心里话,不知可不可说?不说呢,我不爽。可是说了,怕吓着你们。你们怕不怕?

生:我们不怕。

师:那我就说了。对于三年级同学来说,光会讲故事其实还不是最厉害的,真正厉害的是能把这个故事往下编?你们行吗?

生:行!

师:一听就有英雄气。我的问题是"这一回,县官他会善罢甘休吗?"

(课件出示一行空白)

师:请你们以四人小组为单位,选一个做组长,一起合编吧。

(学生合编故事)

师:下面我来听听你们的精彩故事,哪个组来?(指名一组)

生:第二天,县官和衙役把枣核抓走。县官说,把这个小东西埋在土里。衙役挖了个坑,把枣核埋在土里。刚埋好,枣核就蹦了出来。衙役们又把枣核埋了。他们一走开,枣核又蹦了出来,还冲着他们笑。县官大声喊:"坑再挖得深一点!深一点!"后来他们挖了个很深的坑,终于把枣核埋了。县官以为这次枣核必死无疑,可他刚走开,枣核又从土里蹦了出来,而且一蹦蹦到县官的眼睛里,县官的眼睛一下子就看不见了。这以后,县官就再也不敢去找枣核的麻烦了。

师:编得太有趣了。这么长的故事,一口气说出来,不打疙瘩,你这水平,直接送六年级得了。最后一句话,县官再也不敢去找枣核的麻烦,可改成,县官再也不敢欺侮枣核了。接受吗?

生:接受!

师:你看,有才的人都谦虚!如果我认为这个就是咱们班里一号故事男,你们同意吗?还有没有敢来溜一溜的?(学生举手)还有一群啊!你们语文老师怎么可以这样厉害!(指名一女生)请你吧!

生:县官又把枣核抓到衙门内。县官说,给我打。这回,枣核假装被打死了。县官可高兴了,边喝茶边说:"斗不过你这个小东西,我还算什么县官!"话音刚落,枣核从地上一蹦,一下就蹦进县官的嘴里。县官急了,想把枣核吐出来,枣核一蹦,蹦进县官的肚子里了。枣核在县官的肚子里问,下次你还欺侮老百姓吗?县官肚子痛得要命,连忙说不欺侮了。枣核又问,你还打不打我了?县官说,打死我也不敢了。枣核从县官的肚子里蹦了出来,白了县官一眼,大摇大摆地回到了家。从此以后,枣核过上了幸福的生活!

(全场掌声)

师:从此以后,我再也不敢在你们面前自称老师了。(全场笑)不评了,直选送"中国好故事"!好不好?

生:好!

师:这个栏目的设置时间:未来;播出时间:未来!收看时间——

生:未来!

六、归纳类型,拓展延伸

师:哈哈,原来你们都懂啊!还记得课堂开头我们回忆的三个故事主人公吗?女娲,哪吒,葫芦娃,加上今天我们学的枣核,大家觉得这几个人都有哪些共同的特点？

生：他们都很勇敢。

生：还很聪明！

生：都有特殊的本领！

师：他们长得和我们正常人一样吗？

生：不一样，很奇怪的。

师：哪里奇怪了？

生：女娲是蛇身，哪吒生下来是一团肉，葫芦娃头上有葫芦，枣核那么小。

师：对了，这些故事主人公长得很怪，后来又都立了大功。这类民间故事有个名字想知道吗？

生：想！

师：叫"怪异儿"故事。这类故事全世界都有，而且有好多，有多少呢？别看我，其实我也不知道。我们去问问它？（PPT出示"怪异儿"词条）

师：你可能更会想到那个小小的姑娘怪怪的人，对了，《拇指姑娘》《田螺姑娘》……

以后，我们再读到这些故事，就知道了，他们有一个共同的名字，叫——

生：怪异儿故事。

师：太有才了。下课！

点评

深度学习的课堂运作样本

周一贯

教育的原点是育人,育人的关键是育心,而育心的本质在育脑。为此,今天我们对"学习"的定义,已不限于将来从事某个职业所需要的特有知识、技能与方法,而必须是拥有合理的价值观、强大的创造性与可持续发展的学习力。这些都是成人、成功、成才所必须的。显然,这样的学习必须是一种深度学习,一种指向提升人的核心素养的学习。而这样的学习,又必须从日常的课堂运作做起,虽然只是涓涓细流,但终可汇成奔腾大江。著名特级教师何夏寿执导的《枣核》,正是从这方面为我们提供了一个课堂运作的样本。

本案例是统编教材三年级下册第八单元的最后一篇略读课文。本单元的要求是以"有趣的故事,留下的不仅是开心的笑声,还有更多的思考"为人文精神主线;以"了解故事的主要内容,复述故事,并能根据提示,展开想象,尝试编童话故事"为语文素养主线,并实现双线的有机融合。为此,这篇课文的略读教学,应当更多地体现在双线融合推进的学生自主阅读和运用上。所以,教师引领学生去达到这样要求的方式,便成了在课堂运作过程中实现深度学习的必选策略。那么,何老师是怎样在课堂教学中加以落实,使其有了"样本"价值,就成了笔者关注的重点。要而论之,似有以下五个方面:

一、以"统整"归类课文

《枣核》是一则民间故事。民间故事是民众口头长期流传的,反映不同时代人民追求幸福、追求美好未来的憧憬和人民聪明才智等方面的故事。上课伊始,教师首先把"民间故事",从"故事"这一大类中分离出来,而且以图片《女娲补天》、动画电影《哪吒》和歌曲《葫芦娃》,既展示了民间故事的

丰富多彩,而且还有不同的表现手法。这是一种由"例"到"类"的逆向"统整",意在让学生明白民间故事和我们的距离并不遥远。在课堂教学结尾处,又与开头介绍的女娲、哪吒、葫芦娃相呼应,归纳出民间故事其中的一类叫"怪异故事",这个故事与其他的如"报恩故事""智慧故事"等,都属民间故事。那么全世界的"怪异故事"有多少个? 又搜索出 518000 个,如《拇指姑娘》《田螺姑娘》……显然,教师的这种统整归类是具有重要的教育价值的。人的认知成果大多只是独立地存在着,如果在人的学习过程中能将这些孤立的经验互相联系"统整"起来,便形成了"结构"。从"深度学习"的某一方面来说,就要善于将零散的经验(认知)联系起来形成"结构",才有可能抵达学习的深度。学生的认识经验,如果都只是一种不相联系的碎片化的存在,没有形成结构,加之学生也不善于通过联想实现结构化,便只能停留在一种浅表的、僵化的学习状态。

二、以"支架"梳理故事

"复述故事"也就是"讲故事"。这是本单元在语文素养培养方面的一个重点。要复述好故事,就得记住故事情节;而故事情节的生动性来自故事本身的复杂性,这就为记住故事带来了困难。怎么办? 教师采用了以表格为支架来梳理情节的方法。这不仅使学生进一步懂得了故事的内容,而且也让学生能感受到故事的曲折、生动之美。"支架"就是故事内容的"提纲",它比"提纲"更形象。在语文的读写活动中,具有"支架"作用的形式很多,可以是一个"提纲",可以是一系列"问题",也可以是一幅"思维导图",当然还可以是一份表格。何夏寿老师在本案例中采用的是让学生边读课文边填表格的方式。这种方式既有助于学生理解并熟悉故事的内容及发展脉络,又通过放手让儿童在教师指导下自主填写,促进了记忆,有助于后期的复述。

显然,学生搭建支架、运用支架的能力,从根本上说是一项促进思维的条理性和逻辑性的训练。教师让学生在学习语言文字运用的实践活动中运用多种形式(如表格化),着眼点正是从根本上丰富学生的真切体验。一般来说,学生的学习都是直接从人类认识的结果开始,是高起点的。因此,教学中最重要的是要让学生去更多地回归到参加具体的活动,并从过程中丰富自己的真切的体验,以弥补抽象化学习的不足。这应当是"深度学习"

的另一方面的体现。

三、以"续编"发展想象

"尝试编童话故事"是本单元在语文素养发展方面的一项主要目标,具有一定难度。何夏寿老师在本课的教学中,顺着县官被枣核击败之后这一故事情节所具有的客观发展性,让学生大胆尝试把这个故事往下编。在全班同学跃跃欲试之际,教师安排大家分组合编,这又是一项学生在运用语言文字方面富有情趣的活动。课堂实践的效果表明,这是一项成功的设计。小组的汇报交流说明学生续编故事相当精彩:如县官和衙役采用了在土中活埋枣核的办法,结果让枣核如鱼得水,一次又一次可以从土中蹦出来,而且蹦到了县官的眼睛里,把县官蹦瞎了,从此县官再也不敢去找枣核的麻烦。这个续编不只是情节相当精彩,而且还具有最后的结局式特点。这是对故事情节的一次成功的"变式"和发展,对学生来说更是在把握了知识的本质(故事的精神内涵)之后进一步实现了创造性迁移。显然,由学得的知识本质推移出灵活的变式,不仅需要理解力,更需要想象力。也就是让孩子能够将学习对象进行深度加工的能力,这正是深度学习必须具备的。

四、以"评说"提升质量

故事讲得好不好是需要评价的。这种评价是"深度学习"的重要推动力。以前,我们总是习惯于由老师来评价,当然这很重要;但如何引导学生自己来评价,这就更具有教学价值。《中国青年报》(2019年5月9日)有雨茂的一篇文章谈及"许多孩子为什么不会讲故事"。雨茂带儿子(初中生)看了电影《流浪地球》后,要求儿子给他讲讲故事的主要内容。遗憾的是,孩子说得既不清晰流畅,又索然寡味。作者认为不只是中学生,还有大学生,乃至进入了社会的成年人,也多多少少有这个问题。据教育心理学家的研究发现,6岁之前会讲故事的孩子,进入学校后,学习和社交能力都会比较强……由此也足以佐证讲故事的能力相当重要。这是因为讲故事不仅要有良好的记忆力、出色的想象力、优异的语言组织能力,还要有丰富的生活经验及敏锐的自我判断力。统编教材十分重视复述能力:学生不仅要有讲故事的实践,更要有"怎样讲才好"的自我评判能力。在本案例中,教师让学生明白"讲是一种本领,听讲更是一种水平",引导学生开展"互评",

对培养学生讲故事、评故事的能力,确实显得十分必要。

五、以"幽默"增添风情

从某个角度说,课堂教学的艺术是一种对话的艺术。生生之间、师生之间、师生与文本之间的对话,是教学启发、导引、交流和升华的载体。本案例中,何夏寿老师的语言艺术,无疑是一个取得成功的亮点。总观他的语言,特点是机智而颇具幽默,这很能调动学生指向深度学习的积极性。如在引导学生初读课文时:"说实话,我也预习了,可是我还没看出他(枣核)哪里聪明了";"从此以后,我再也不敢在你们面前自称老师了"……这是自嘲式的幽默。"厉害了,我的哥们","亲爱的宝贝们","他讲的故事'起步价'多少","评了6颗星的同学请问将来想当什么?当演说家吗"……这是激励式的幽默。"你讲的故事,直送中央台'中国好故事'……这个栏目设置的时间:未来;播出的时间:未来;大家收看的时间:(学生答'未来')"……这是一种蕴意深长的幽默。现在孩子们还小,但是他们拥有最可贵的财富便是"未来"。"未来"可以实现他们的志向。所以,师生之间心有灵犀,都会对"未来"抱有最充分的信心。

深度学习是指向挑战大脑的学习,它也许是艰苦的,但同样可以充满令人身心愉悦的风情。课堂是严肃的,但也需要"幽默"!

第九课　荒诞:尽享异想天开之乐

——统编教材三年级下册《这样想象真有趣》课堂实录

教学目标:

1. 能根据提示,编一个完整的童话故事。
2. 能用修改符号修改自己的习作。
3. 习得一种想象形式,增强对编写童话的兴趣。

教学过程:

一、创设氛围,激发动机

师:(师唱歌,突然中止)一想到这事我就唱不下去了。

(生诧异)

师:最近我们学校要评优秀教师。不去评吧,我那么优秀,不甘心;去评吧,要写一篇童话。你们说,我去不去评?

生:要去啊!

师:对,幸福是奋斗出来的。写什么童话呢?学校给我推荐了几位特别的动物朋友,说写写它们的故事。你看,它们来了——

(出示:母鸡——)

师:你见过这样的母鸡吗?

生:没有,因为母鸡会飞了。

生:变得很怪,很有趣。

师:有趣的还有呢(出示:长得比树还高大的蚂蚁)看这位是谁?

生:大蚂蚁!

生:巨型蚂蚁!

师:我们继续来看(出示:紧缩着身子的老鹰),一看老鹰先生的表情,我们猜到这是个怎样的老鹰?

生:胆小的老鹰。

师:没错,胆小如鼠的老鹰。还想看吗?

生:想!

师:好咧,第四位是它——(出示:奔跑的蜗牛)

生:奔跑的蜗牛!

生:快步如飞的蜗牛!

师:原来你们都认识啊。谁来说说,和我们印象中的相比,这几位动物朋友有什么共同的特点。

生:他们都变了。

师:什么变了?

生:不会飞的会飞了。

生:很小的变成巨大的了。

生:胆大的变成胆小的了。

生:会爬的变得健步如飞了。

师:真好。一句话,他们都朝什么方向变化?

生:相反。

师:你喜欢原来的它们还是现在的它们?

生:我喜欢现在的它们。

师:说说理由。

生:这样一变,我觉得很新奇,很有趣!

师:反一反,变一变,这样的想象——(板贴:这样想象真有趣)

生:真有趣!

二、开启想象,明确目标

师:它们的故事怎么写呢,学校给我提了三个要求。请看投影——

1. 选:选一种自己喜欢的动物作为主角;

2. 想:大胆想象,越离奇越好玩。像小真一样用长头发去钓鱼,像吹牛大王一样把炮弹当马骑,像爱丽丝一样能钻进兔子洞里去玩。

3. 编:编故事。他的生活有什么变化?会发生什么稀奇古怪的事?

师：请你帮我出出主意，我应该选哪个作主角，让它去干什么事？

生：选蜗牛。让蜗牛去送快递，因为他已经能健步如飞了。

生：老师，你选母鸡。母鸡飞起来可以送好多小鸡去天上玩的。

生：老师老师，你选蚂蚁，因为蚂蚁很大很大了，去找经常欺侮他的小花狗算账。

师：谢谢大家这么热心地支持老师。说实话，我选好了一个，还真写了一篇童话。大家想看吗？

生：想！

师：我选的是这位帅哥（出示——巨型蚂蚁）。

三、范文引路，明确要求

师：我请大家来读读我的童话。

（生大声朗读）

> 有一天，蚂蚁捡到了一个神奇的魔袋。他赶快钻了进去，大声喊："蚂蚁蚂蚁，变变变！"啊！他真的变成了一只巨型蚂蚁。
>
> 巨型蚂蚁长得比大树还要高。他走一步，就能跨过一条河；走两步，就能越过一座山。
>
> 巨型蚂蚁遇到了哭泣的狐狸小姐，它好奇地问："狐狸小姐，你哭什么？"
>
> 狐狸小姐擦着眼泪："我要过河去看《流浪星球》，可是桥被水冲垮了。"

师：接下来，大家猜我会怎么写？

（生继续读）

> 蚂蚁爽快地说："小事情，我帮你过河就行了！"说完，一弯腰，一把拎起小汽车，扛在肩上，"嗖"的一下跨过了河。
>
> 看着狐狸小姐高高兴兴地开着汽车去电影院，蚂蚁觉得很开心！

师：由于时间关系，我还没给这篇童话取好名字。大家说该取个怎样的题目？

生：巨型蚂蚁。

生:神奇的蚂蚁。

师:你们从故事的主人公角度去考虑,有道理。还有从别的角度去考虑的吗?比如主人公做了什么事?

生:蚂蚁搬汽车。

师:是蚂蚁搬吗?我故事里写的是——

生:拎。

师:没错,那这个故事的名字就叫——

生:蚂蚁拎汽车。

师:真好!(出示:蚂蚁拎汽车)咱们英雄所见略同。

师:你们喜欢这篇童话吗?

生:(齐)喜欢。

生:老师,您的童话很夸张。

师:从哪里看出来的?

生:那个蚂蚁长得比树还高。还有,他走一步怎么样,走两步怎么样?

师:怎么样?讲出来啊!

生:"他走一步,就能跨过一条河;走两步,就能越过一座山。"

师:还有吗?

生:我觉得老师的童话很神奇。我们只能拎书包,可这个蚂蚁能拎汽车,太神奇了吧!

生:老师,您的故事里这个蚂蚁很乐于助人的。这个也很好。

师:你能看出这是一只乐于助人的蚂蚁,说明你也是一个乐于助人的孩子。只有当乐于助人遇上乐于助人,才会相互喜欢。我们把掌声送给这位同学。

(掌声)

师:我总结一下,刚才大家主要说了三点,一是很夸张,二是很神奇,三是很有爱心。(边说边板贴)我以为我这么好的童话交上去就行了,可学校说,一个老师光自己会写童话那不算什么,要让学生都会写童话,那才是真正的优秀老师。这下你愿不愿意帮老师呢?

四、明确要求,独立写作

生:(齐声)愿意!

师：太谢谢你们了。当然，学校还说，除了上面出现的四位动物朋友，小朋友们自己有喜欢的动物，也可以写的。请问，你们有喜欢的动物吗？

生：有！

师：能说给老师听听吗？

生：我喜欢兔子，让它变成蚂蚁兔子，超小超小，这样就不用盖房子，直接住到蚂蚁洞里去了。

师：好有趣！如果住到老鼠洞，那他简直就是住豪宅了。哈哈！还有吗？

生：我喜欢青蛙，我要让他能在天空飞。

师：如果青蛙飞起来，你会让他去做什么呢？

生：我会让他去天上摘星星，卖给人们。

师：这样，姑娘们可以将星星串成项链挂在脖子上，好美哦！（示意学生放下手）我知道，大家肯定都有自己喜欢的动物，你就选其中一个，学着老师的样儿，把这个动物的故事写下来。10分钟以后，我们来交流一下，看看谁的故事编得有趣、好玩！

五、集中反馈，讨论修改

师：下面我们把全班同学分成两个小队，青蛙王子队和白雪公主队，两队各选一名选手，看看谁是我们今天的故事大王。（选出男女同学各一名）

师：写的同学有水平，听的同学有本领。我邀请全体同学做评委，听完后，要根据黑板上的标准，评一评，给他几颗星？明白吗？

师：好，下面我们请这位同学读读他的童话。

生：我写的故事叫《会飞的青蛙》。

师：请大家说说看法。

生：我觉得写得不大好，都是从何老师那里套过来的。何老师的童话是蚂蚁撞上了一棵大树，这位同学写的是撞上一朵荷花。

生：还有"飞一秒，就能飞过一片乌云；飞两秒，就能飞过一片树林"，也跟何老师写得一样。

生：还有，何老师的故事里是狐狸小姐哭，他的是小鸟哭，都是哭。

师：你们都认为写得不太好，是不是？（生答是）原因是套过来的是不是（生答是）。但我觉得学习本身就是一种套用，能套用老师的文章来完成

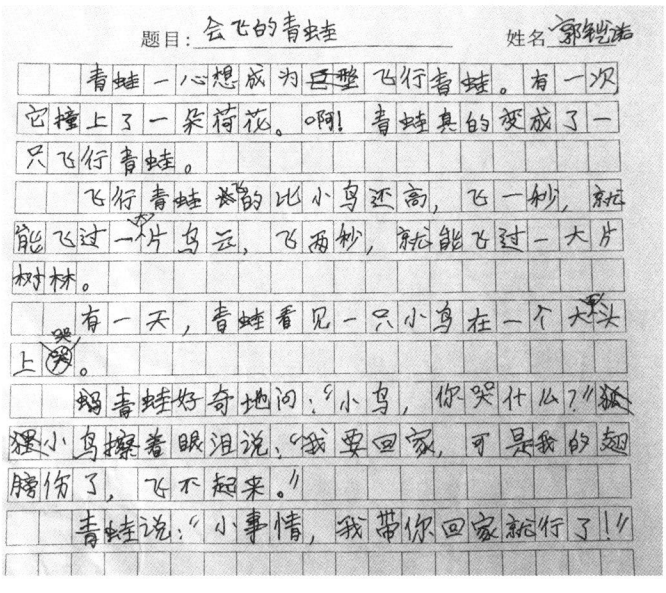

荒诞：尽享异想天开之乐

自己的文章,这是一种非常明智的选择,比较保险。

(众笑)

师:再说,他是套,不是抄。我写的是撞上树,人家偏不写树,写花,既学你又不是你,好啊;还有我写的是"他走一步,就能跨过一条河;走两步,就能越过一座山。",他是"飞一秒,就能飞过一片乌云;飞两秒,就能飞过一片树林",你看人家套得多好。在自己还没想好创新的时候,套用别人,尤其是老师的,真是一种非常好的学习方法。你们说是不是?

生:是!

师:当然,这个故事显然没写完,因为我们还没有看到这个故事最后的结果,请问郭同学,你想好故事的结尾了吗?

生:我想好了,最后是青蛙让小鸟坐在他身上,青蛙飞过了山,飞过了好多村庄,终于找到了小鸟的家。小鸟激动地说谢谢你!青蛙就走了。

师:连口水也不喝,就走了。中国好青蛙!

生:(众笑)

师:问问大家,郭同学平常是不是爱做好事?

生:是的——

师:我明白了,凡是有爱心的人,他笔下的动物也是有爱心的,在他的童话里,这个青蛙多美,不光会飞,还能乐于助人。还有谁愿意分享——

生：我来！

> 题目：会飞的鸡　　　　姓名：郑益池
>
> 　　从前有一只鸡，他的梦想是像鸟儿那样在天空中自由地飞。
> 　　一天夜里，他发现自己会飞了，他高兴地说："我会飞了！"于是，他偷偷地跑出鸡窝，在天空中自由地飞。到了白天，小鸟看见了鸡惊奇地说："母鸡，你怎么会飞了？"母鸡说："不知道呀！一夜之间就会飞了。"小蚂蚁看见母鸡说："请问，你能带我表弟家吗？"母鸡高兴的地说："没问题。"母鸡把小蚂蚁带到表弟家，便高兴的回家了。

师：大家来说说读了这个故事后的想法。

生：我觉得这个故事也很友好的。

师：没错，依然走助人路线。还有吗？

生：他没有用老师的故事，自己有想法。

师：他已经长大独立了。还有好的吗？

生：我能说不好的吗？

师：可以啊！

生：这个故事不夸张，不好玩。

师：但这个故事很神奇啊，你看这一句，小鸟看见了，惊奇地说："母鸡，你怎么会飞了？"母鸡说："不知道呀！一夜之间就会飞了。"这对话写得好幽默，好神奇！当然，如果母鸡带一小蚂蚁去表弟家的路上，再发生点惊险又好玩的事，那故事可能会更吸引人一些。当然，你这个故事也非常棒了，大家给他几颗星。

生：五颗！

师：五颗，再加一颗创意星。我知道，你们每个同学都写好了童话，但时间关系，课堂我们就读这两篇。其他同学可以根据刚才我们分享的，再改改自己的童话。如果你们愿意，可让你们老师将你们的故事快递给我。最后，我表个态，我要是评上了优秀老师，一定请大家吃喜糖。

生:喜糖?

师:评上优秀不喜吗?

生:喜!

师:预祝我吧!

生:(掌声)

师:感谢同学们!我等着你的童话,你等着我的——

生:喜糖!

点评

生活化：追寻童话习作的"浸润型"课堂

周一贯

《这样想象真有趣》是统编教材三年级下册第八单元的习作内容。"根据提示，展开想象，尝试编童话故事"，是本单元语文素养教学要求的主要目标之一。这对才学习作一年的三年级学生来说，显然是有相当难度的。虽说儿童最富想象力，三年级的孩子对童话也不陌生，但要独立编个童话故事，而且写出来，就不那么简单了。所以，在单元目标中用了"尝试"一词是有道理的。而教材的"习作"部分，以图例加文字，详说怎样向相反的方向去想象，也就显得编写童话是不可或缺的内容了。

面对这样有难度的教学内容，何夏寿老师采用了"浸润型"的方式组织课堂教学，确实是别具匠心的。

所谓"浸润"，应当是水养万物的一种最有效的物理方式。即不是铺天盖地的漫灌，而是润物无声的渗透。所谓"随风潜入夜，润物细无声"。这种浸润型的课堂，可以化解难度，降低坡度，让学生感到可近可亲。综观何老师的这种浸润教学艺术，从总体上看，是走"生活化"的路子。他是如何具体展开的，我们不妨从以下一些方面作些揣摩。

一、全境式浸润

首先，何夏寿老师把整个教学情境设计成为学校要评选优秀老师，条件之一是要写一篇童话，并把本课的教学内容（课本中的）衍化为学校要求写的童话题材。现在，教师正为这件事犯难。于是，在与大家商量的境况下展开"大家一起想办法"的活动。这样，就把较难的习作要求，化解成了现实生活中的一个实用情境，规避了依照教材要求写作可能产生的枯燥乏味。

于是，教学过程就有了全境式帮助老师解决难题的那种鼓舞性和主动性。这种积极情绪一直延续到结课时的幽默:"我等着你们的童话,你们等着评上了的'喜糖'。"这样的一种"浸润",就不只其中的一个环节,而是贯穿全课始终的"全境式浸润"。

二、示范式浸润

为了降低学生习作的难度,当然莫过于由教师作"下水"示范。这是又一种"浸润"。于是,教师说根据学校提出的要求,他选了其中的一位"帅哥"——巨型的蚂蚁,请大家来读读"我"的童话,便出示了教师应写作要求和根据学生的习作水平出发写成的一篇"下水"文。

这一环节的设计,是明显的"范文引路"。这种"浸润",对于完成本次习作练习,具有关键性作用。因为如何理解课本的要求,又如何实践"尝试编童话故事"都需要有一个中间环节来作必要的铺垫。能担此重任的,当然莫过于教师的下水试写。当然这种试写不是以美文示范,供大家欣赏赞叹,而是为学生的习作做一些可以借鉴的引领,应当具有明显的"浸润"作用。所以,范文要能更多地贴近学生,具有可资参考并足以启发的功能。从课堂教学的实践看,这种示范式浸润是达到了特定要求的。

三、发散式浸润

在教师的示范式浸润中,很容易带来学生习作千篇一律的雷同化倾向。这就要求教师在作示范式浸润的同时必须辅以发散式浸润。即在提供范例的同时,要激发学生在范例的启发下能作广泛的发散,找到"自我"的自信力和独特性。

如在启发学生寻找许多"变"中的共同特点时,学生们说:"不会飞的会飞了","很小的变成巨大的了","胆大的变成胆小的了","只会爬的变成健步如飞的了","一句话,他们都朝相反的方向变了"。这是在发散中对共有特点的归纳。在教师提到了学校给出的三个要求要大家帮助时,同学们七嘴八舌帮老师出主意,有的说选蜗牛,让蜗牛去送快递……;有的说选母鸡,让母鸡飞起来送好多小鸡去天上玩……;有的说选蚂蚁,让蚂蚁去找经常欺侮它的小花狗算账……

当然,这种发散式浸润对于活跃儿童的想象是十分必要的,但不能要求太高。虽然想象的最大特点正是它的发散性,但发散的质量是不一样的。

四、反思式浸润

在这堂课里,何夏寿老师不仅要求学生能"尝试编童话故事",更着意于让学生"尝试自改童话故事"。"自改"从根本上说,就是对习作的反思。在语文读写活动中,反思能力、批判能力,是真正能挑战思维,提升语言文字的运用能力之关键所在,因而将其作为本课的一个重要环节的教学意识,是十分正确的。但自改习作的反思活动,只能是一种潜移默化的浸润过程,是学生在反思中逐步达到精细和深入的过程。教师要充分相信学生有自改的能力,并且确认这种能力是学生在自悟自得中可以慢慢提高的,应当给学生以充分练习,逐步提升的机会。为此,在本案例的运作中,教师又将自改与自评分"青蛙王子队"和"白雪公主队"两块,以学习共同体的合作式学习来推进,更体现了自改作文的逐步浸润功能,为之后培育个体独立的自改作文能力打下基础。

五、提升式浸润

在本课教学过程中,教师的范文引路,固然可以为降低习作难度起到有益的作用,但也明显地表现出学生套袭范文的问题。对此,教师并没有作简单的否定,还是包容了"套袭"在初步学编童话故事中所具有的积极意义,并在此基础上,又鼓励大家开动脑筋想出更新奇的童话故事来,显然,这是一种提升式浸润。用"套袭"帮助习作起步未必不可,因为"提升"应当是在模仿的基础上提高。

体现在本课教学中的那种浸润型特色,之所以运用得比较成功,关键在于它的"生活化"。对孩子们来说,他们所熟悉的喜爱的真实生活,是认知陌生事物的最重要的"根据地",向现实的生活转化,让新的认识对象有浓浓的为学生所熟悉的生活色彩,才会使他们觉得相知相熟,可感可亲,于是,来自教师的各种浸润手段,也就有了用武之地。一切有创意的教学活动,也就成为"好雨知时节,当春乃发生"了。

第十课 千年龟兔,再比新赛

——统编教材四年级下册《故事新编》课堂实录

教学目标:

1. 借助传统故事,寻找故事"空白",从不同的角度展开想象,新编故事。
2. 突出创意,落实新意。
3. 进一步感知童话的友善和温暖,形成正确的价值观。

教学过程:

一、视频导入,激发期待

师:有一类故事,小朋友们十分喜欢。在这类故事中,猫能钓鱼,大灰狼扮外婆,拇指姑娘唱山歌,睡了千年的公主会跳芭蕾舞。这类故事叫什么呢?(童话)大家喜欢童话吗?我们一起来回忆几则。

(出示图片《葫芦娃》)

师:这是一则藏在罐子里的童话,请问这则童话的名字叫——

生:《葫芦娃》。

师:没错,七个神通广大、团结一心的葫芦娃。

(播放《小红帽》主题曲)

师:这个童话叫什么?

生:《小红帽》。

师:接下来,我们再来看一段视频,看完后说说这个童话叫什么。

(播放《龟兔赛跑》视频)

生:龟兔赛跑。

(板书龟兔赛跑)

二、推翻原意,撬动创意

师:兔子怎么会输给乌龟呢?请大家用一个词或一句话简单地说一说。

生:因为兔子骄傲,瞧不起乌龟,乌龟虚心,所以兔子输了。

师:是的,兔子骄傲落后,乌龟虚心夺冠,老少皆知。但故事里的两位主角:乌龟和兔子,它们根本不是这样认为的,你想知道其中的缘故吗?我们一起来听听。

(播放视频。视频大意:

乌龟:真搞笑,谁说是你骄傲输了比赛,瞎说!

兔子:是的,人类就这么点想象力吗?其实,我根本不是因为骄傲……

乌龟:打住,打住,都说小朋友们是想象的天才,这样吧,就让这个班的小朋友们来猜猜,究竟发生了什么让你输了比赛,而我成了赢家。

兔子:行啊!)

(画面定格:究竟发生了什么让你输了比赛,而我成了赢家)

师:这条信息很有用!大家愿意猜一猜吗?

三、发挥想象,新编故事

师:怎么样,谁来抢答?

生:说不定乌龟是一对双胞胎,它们来比赛,一只在起点,一只在终点。

师:这样的话,我们能让它们取胜吗?我们请山羊评委念念咒语,乌龟就一下子退到起点了。

生:又或许是比赛途中有条河,兔子不会游泳,乌龟一下子就游到了终点。

师:是的,乌龟会水,你太会用人之长了。不过一下子就游到了对岸,故事味不够。怎么办呢?我们通过加一加、变一变的方法,比如增加一个人,添加一个有惊无险的情节,让成功来得慢一点,这样,故事就生动曲折了。

师:还是请这位同学说说,你有没有办法让你的故事变得更加具体生动呢?

生:小乌龟游啊游,一不小心游进了一个大黑洞,这个大黑洞竟然还会摇晃。原来这黑洞是大象的鼻孔,大象的鼻子一痒,一个喷嚏就把乌龟"打"到了终点。

师：有创意。大家注意到了没有,刚才发言的同学都是乌龟的好朋友,净为乌龟动脑筋,那有没有兔子的朋友呢?

生：兔子很爱美,半路上被野花陶醉了,看花而忘了比赛。

师：是啊,兔子就是喜欢花,迷恋花!可能它在看花的时候发现了有趣好玩的事,比如——

生：兔子喜欢的那朵花活了,这朵花化身成花仙子,邀请兔子去跳舞。

师：花有魔法。还有别的说法吗?

生：兔子和乌龟是好朋友,兔子有意把胜利的机会让给乌龟,以鼓励乌龟的信心。

师：太好了!这只兔子肯定童话读得多,大家为它的友善,鼓掌!

师：是的,一场野外的跑步比赛,除了参赛者,还有好多原因也会影响到比赛的结果,比如天气、比赛的线路、意外等。除了这些,我们还可以联系自己熟悉的童话故事来想象。比如,兔子捡到了阿拉丁神灯,乌龟也可以获得(生答)——魔瓶、宝葫芦;兔子遇到自己的奶奶——那只带爱丽丝玩穿越的老兔子;乌龟碰到了自己的爷爷,(生答)忍者神龟。

四、一次动笔,引出范文

师：刚才,我们乘着想象的翅膀猜想了比赛途中发生的种种离奇好玩的事,下面请大家选择自己感兴趣的一个方面,把它写成具体的故事。注意,重点要把故事的发生过程写清楚。

(生动笔写故事)

师：现在,请一位同学读读自己的作品。

生：乌龟在半路上捡到阿拉丁神灯,它心想,对神灯许个愿吧。于是,它对神灯说:"神灯神灯,我要过这座山,你能帮助我实现愿望吗?"神灯笑了笑说:"可以啊,我就是来帮你的,因为你和兔子赛跑,实在太不公平了。"于是,神灯念了句咒语,乌龟就飞起来了,一眨眼就飞到了山的另一边。等到兔子来到终点,乌龟早就站在领奖台上了。

师：这个故事写得不错,不过情节稍微简单了些。怎样才能把故事写得一波三折,生动曲折呢?老师也写了一篇——

跑着跑着,小兔子迎面撞上了大灰狼。这可怎么办呢?兔子望着大灰狼,镇静地说:"老狼老狼别吃我,我来教你学美容!"

大灰狼一听,很开心地说:"好啊好啊,请你教我学美容!"

就这样,小兔子教会了大灰狼美白、美容。大灰狼高兴地说:"我变漂亮了!谢谢小兔子。"

小兔子继续往前跑,遇到了大老虎。这可怎么办呢?小兔子望着大老虎,镇静地说:"老虎老虎别吃我,我来教你学歌舞!"

大老虎一听,很温和地说:"好啊好啊,请你教我学歌舞!"

就这样,小兔子教会了大老虎唱歌、跳舞。大老虎激动地说:"我会歌舞了!谢谢小兔子!"

小兔子继续往前跑,又碰到了大狮子。这可怎么办呢?小兔子望着大狮子,镇静地说:"狮子狮子别吃我,我来教你当模特!"

大狮子一听,高兴地说:"好啊好啊,请你教我当模特!"

就这样,小兔子教会大狮子走兔步、扭屁股。大狮子兴奋地说:"我当模特了!谢谢小兔子!"

大灰狼、大老虎、大狮子见小兔子又聪明又有本领,都想跟它成为朋友,就邀请它到各自的家去玩。小兔子去了后玩得很开心。

两天之后,小兔子才想起比赛的事。等它赶向终点,小乌龟早就站在领奖台上等它了。

(生读故事)

师:你觉得这个故事怎么样?

生:想象丰富!

师:你真有眼光!通常别人说我的优点的时候,我一般都这么说:"哇,你真有眼光!"。

生:你的故事很具体。写了兔子和大灰狼、大老虎、大狮子之间的故事。

师:是的,我在写兔子和大灰狼、大老虎、大狮子的时候,写法上有相同之处吗?(生答:结构是一样的)是的,同样的情节,一而再,再而三地出现,这种编故事的方法叫反复。反复一般用几次为好呢?大家读到过三次反复的故事吗?(生答:小蝌蚪三找妈妈,小壁虎三借尾巴等)对,三次反复下来,故事就具体了,生动了。

师:下面我们请这位同学说说他是怎么改的。

生:我可以再增加两个困难,一个是让神灯帮我过沼泽地,还有一个是请神灯把我送过大河。

师:你很快就学会了三次反复。这样一来,故事便曲折多了。其实,好文章都是改出来的,下面再花几分钟时间,用红笔对自己的文章进行再次调整。注意了——

(课件出示调整要求:

1. 想象是否奇特、好玩。

2. 是否用上反复的写法。

3. 语句是否流畅通顺)

五、二次写作,活用支架

师:请大家根据这个要求进行修改,5分钟后我们再交流。

六、交流故事,检查增量

师:很想知道你的创意。

生:我的故事是——《乌龟遇上神灯》

跑着跑着,乌龟看到了一个魔瓶,它想:"这是什么瓶子,模样那么奇怪?"乌龟用嘴咬开了瓶子,只见瓶子里冒出一团紫色的气体,接着出现了一个人。小乌龟惊讶地问:"你……你是谁?"那气体说:"我是阿拉丁神灯,我能帮你实现一个愿望。"乌龟听了这句话,立刻从刚才的惊吓中缓过来,变得很开心,说道:"你能帮助我赢得比赛吗?""当然可以。你想让我怎么做?""让我跑得更快。""没问题。"只见乌龟的脚下多了几个轮子,像火箭一样。乌龟按了一下按钮,马上就窜了出去。可是太心急了,搞反了方向。乌龟急出了一身冷汗,他又对神灯说:"你能再帮我调整方向吗?""当然可以。你想让我怎么做?""让我往相反的方向跑。""没问题。"只见乌龟的脚下又多了几个轮子。乌龟按了一下按钮,马上就窜了出去。可是太心急了,撞在了一棵大树上。乌龟吓得大哭起来。神灯安慰道:"别哭别哭,我再帮你一次就行了。"乌龟说:"真的吗?""当然可以。你想让我怎么做?""让我加速。""没问题。"只见乌龟的脚下又多了几个轮子。这一次,乌龟轻轻地按了一下按钮,终于稳稳地来到了终点。

师:他的故事怎么样?表扬是一门艺术,谁来做表扬艺术家?

生:想象丰富,把阿拉丁神灯带到故事里,很有趣。

生：他用了三次反复，语言也很通顺。

师：大家都是表扬艺术家了。不过，也有人说，批评也是一门艺术（生笑），我暂时要当个批评艺术家，对这位同学的故事提个意见。那就是这位同学的故事长得太"胖"了。为什么呢？因为他没分段。那怎么来分段好呢？我们还是请这位同学自己来说说。

生：我可以把三次反复分成三个自然段。

师：对了。还可将开头和结尾再各分一段，这样故事就长得有模有样了。（生笑）好，我们再请一位同学读自己写的故事。

生：跑着跑着，兔子发现前面有一块亮晶晶的东西，它心里想，这草地上有什么东西会发光呢，难道是金子吗？兔子停下脚步，弯腰捡起了那块东西，呀，还真是金子！兔子太高兴了，它又继续往前跑。跑着跑着，兔子又捡到一块金子，它更高兴了。它把金子往口袋里一放，又向前跑。跑着跑着，它又捡到了一块金子。兔子高兴坏了，竟忘了比赛。过了几天，它才想起比赛的事。可是人家乌龟早就跑到了终点。

师：捡金子的好事怎么轮不到我呢？（全场大笑）不过，我想问，兔子要这么多金子干什么？

生：分给穷苦人家。

生：造希望小学。

师：做善事，为兔子加油。大家发现没有，刚才这位同学的故事，也用了反复的写法，而且也用了三次，分别是捡到一块金子，又捡到一块金子，又捡到一块金子。大家读读，用了这三句话，你觉得故事具体了吗？曲折了吗？（生摇头）是的，童话中的反复一般指的是故事情节的反复。所谓情节必须要有事情的发生、发展、结果。比如这位同学每写一次捡金子，可以分成怎样发现金子，捡金子时的心情，捡到金子后怎样为别人做好事。这样一来，故事就具体、生动了。

师：好了，这节课，我们读了老故事，通过我们的想象，又写出了一个新童话。下面让我们每位同学在龟兔赛跑的题目上添上一个"新"字。这种编童话的方法就叫故事新编（板书），我们可以利用这种方法创编童话，比如新狐狸和乌鸦，新狼和小羊，新小红帽，新灰姑娘……（可将开头的PPT回放）

 点评

"创编习作"的教育价值

周一贯

何夏寿老师的"千年故事,再谱新篇",不仅仅是一堂成功的习作课,给我们展示的更是一种全新的写作课型,不妨名曰"创编习作"。在中华文化的巨大库藏里,有许许多多的民间传说、童话故事、寓言小品等,历经时间淬炼,它们凝聚成一个成语、一句格言,流传千秋。然而时代在前进,认识在发展,思绪会变革,推陈才能够出新,旧的故事在新思潮的冲击下,可以有不一样的创意演绎。"龟兔赛跑"可以新编,"郑人买履""鹬蚌相争"当然也可以有新说,前提只要能言之有理,能自圆其说即可。于是,在"创编"的背后,我们看到的便是孩子们的异想天开,新意迭出。这不仅为小学生习作的题材拓展搭建了一个宽阔平台,更为创新一代的养成注入了无限新活力。这应该是"新龟兔赛跑"这一课例的教育价值之所在。

一、从"推陈出新"到"反向思维"

推去旧的,方能产生新的。旧戏可以新唱,老事可以新办。突破旧巢,方会有海阔天空的新世界。这是所有创新之举的不二法门。以"童话育人"开创办学新路的何夏寿,是著名童话作家金近所在家乡的金近小学校长。从小喜爱童话的何校长,敏锐地意识到许多童话故事都有着可以新编的"童话"基因。于是,在小学生习作容易出现笔下无话的困惑面前,他在"鼓励写想象中的事物"(《课标》语)感召之下,有了写《新龟兔赛跑》的创意课堂,并因此也有了可以写《新狐狸和乌鸦》《新狼和小羊》《新小红帽》《新灰姑娘》……的联想。显然,这不仅是一种习作题材的新开发、一种童话育人的新模式,更是一次事关创新人士培育的新事业。因为新编故事的背后,是对儿童求异思维,不断朝反向思维推进的过程。在本案例中,我们可喜地看到学生思路大开,妙语连珠,对龟胜兔败的这个竞赛结果,作了五花

八门的想象,以活跃的思维验证了"一切皆有可能"的生活哲理。应当说,这也许正是长期受应试教育捆绑的学生,最需要受到激发的一种思维品质。

二、变"先导后作"为"先作后导"

在传统的作文教学中,教师最看重的环节是教好"作前指导课"。作文该怎么写,如何审题,如何立意,如何选材组材,如何开头结尾,过渡照应等,全在"作前指导"的传授。以为如此,学生才能写好一篇作文,并由此提高作文的能力。殊不知,正是这种作前的过度指导,使学生忘记了,原本应该是生命的真实表达和真情交流,不应为章法、技巧所迷惑而淡化了"我手写我心"。更严重的问题是,这种作前过度指导下写出来的文章往往千篇一律,相互雷同,而且从此学生会依赖于教师的"作前指导",全然学不会如何表达自己的真情实感。这也正是造成"学生怕作文"的根本原因之一。

可是,在本案例中,何老师却能反其道而行之,真正改变了"先导后作"的传统教路,先放手让同学们自由想象,创编龟兔赛跑,龟胜兔败的新归因。教师在巡回观察中发现有创意的新编和存在的问题,并现场根据学情改编和调整自己的预设,真正体现了"导"在点子上,"评"在要害处。接着,教师趁热打铁,提出新要求("一波三折")让学生自改习作。显然,这样的教程新改,真正体现了习作的过程是学生发挥自由想象的放胆为文,并能在教师指导之后自改习作。于是,将"以生为本,以学为重"真正渗透到习作教学改革的实处。应当说,这是习作教学改革的根本所在,即一定要让学生以放胆写作为基础,在没有任何约束的氛围里,实现自由、开放的表达。而后才是教师有的放矢的指导。

三、由"一波三折"说"言之有物"

本案例的习作创造性和想象力,不仅在于龟兔赛跑的胜负原因之新说,更在于对胜负原因的描述要能体现"一波三折"的情趣味和合理性。这显然是"再谱新篇",是颇具教学见地的。教师不仅能因"事"(学生的习作)说"理",让重复的运用成为故事具体的必要条件,而且因势利导地渗透,这也是童话重要的写作方法之一。这一重难点的落实,教师运用了"范例引路"(教师"下水"写"反复"),"课中交流"和"重点修改"三个步骤来予以推进,形成了本课教学中的又一观点,确实值得称道。

然而,故事发展的曲折性,不仅仅体现在一种写作方法上。更为重要的是,应当让学生明白这是生活哲理在故事中的客观反映。因为生活本身是复杂的,它的进程往往不是直线的,曲折迂回才是它的常态。其中有造成曲折迂回的原因,有产生的具体情节,只有把这些都交代清楚了,故事才有生动性,也才有说服力。我们更要关注的是这种"一波三折"有着合理的必然性,并以此让学生明白不可为反复而反复。如写乌龟之胜是因为路遇"神灯",受到了"神灯"的帮助。学生的这一想法很好,可为什么要神灯帮助它呢?学生并没有足够的因果交代,这样,神灯的反复帮助,便成了没有任何原因的行为。好像只是为了反复,才作了反复帮助。其实,从神灯的第一次帮助到第二、第三次帮助,都应当由具体的故事交代。简单来说,必须点明神灯认为乌龟与兔子赛跑是不公平的竞赛,于是"路见不平,拔刀相助"才有了合理性。当帮助乌龟过了沼泽地之后,正在乌龟不断表示感谢时,神灯看到兔子已离终点不远,觉得还不行,虽然已帮乌龟赶了许多路,但估计还胜不过兔子,得再帮一把才是,于是神灯又决定帮它翻过一个山头⋯⋯这样,神灯的相助就有了最简单的生活逻辑的交代,起码不再是为反复而反复了。

"不完美的创新,要比完美的守成好一百倍。"这是一位名人说过的一句发人深思的话。在儿童写作中,开拓"创编习作"这种形式是值得倡导的。创编习作多以民间故事、成语、谚语、童话或寓言为原本,作颠覆式的推陈出新,是对民族传统文化的一种批判继承。因为创编的过程正是对传统文化传承的过程;创编又必须基于新时代、新思维的光照,往往有"古为今用"的丰富意蕴,有益于促进人的现代化发展;创编在既成本义的基础上要"反其意而用之",是一种求异思维的最佳训练,这对历来重视求同思维的中国传统教育而言,正是需要着力加强的重要方面;创编有原定的语境和现成的语文材料可资借力,这无疑也是发展儿童言语表达极为有利的条件,更为重要的是,关注并培植儿童的想象力和创造性是事关国家强盛、民族兴旺的大业。创编习作的推出,正是在这个根本上有了它不可小觑的存在意义和发展前景。

第十一课　想象话天地，造境入故事

——统编教材四年级上册《我和某某过一天》课堂实录

教学目标：

1. 通过了解学生熟悉的童话或神话人物，形成习作内容的思维导图，根据思维导图，学生自主拟定习作内容。

2. 聚焦"一天"，借助微视频，形成习作思路；精选一个时间节点，通过想象营造相处的场景。

3. 引进《长袜子皮皮》中的精彩片段，渗透"造境"策略，并运用策略集体修改习作片段；课后推荐阅读《长袜子皮皮》，并根据一天的时间点完成一篇习作。

教学过程：

一、创设情境，形成图式

师：同学们，我们来玩一个游戏，好吗？

生：好的。

师：老师出示图片，你们猜一猜他是谁，若能回忆起这个人的一些事，也可以说一说。（出示孙悟空的图片）

生：（齐声响亮地说）孙悟空。

师：有回想起关于悟空的一些事情吗？

生：大闹天宫。

师：正确，但我相信你一定还可以继续说下去的。

生：孙悟空偷吃了王母娘娘的蟠桃，大闹了天宫。

生：孙悟空能够七十二变，拔一根毛就能变出另一个孙悟空；他还三打白骨精、三借芭蕉扇。

师:大闹天宫,三打白骨精,三借芭蕉扇……孙悟空无所不能。大家还想回忆其他人物吗?

生:(大声说)想。

(出示哈利波特的图片)

生:哈利波特。

师:知道他的一些事情吗?

生:他在一个魔法学院学习魔法,与自己的好朋友一起经历了许多神奇的事。

师:还有补充的吗?

生:我看过原著。哈利波特从小在姨父家长大,11岁那年,他知道自己是巫师,就去了魔法学院学习。在学习的过程中,他与自己的好朋友经历了许多神奇的事,非常刺激。

师:爱看书的孩子就是不一样。是的,哈利波特拥有魔法,他用魔法棒一点,很多神奇的事情就发生了。我们继续看(出示《长袜子皮皮》的封面)。

生:封面上是长袜子皮皮,她能一只手举起一匹马,力大无比。

生:(激动地说)她一个人生活,总觉得自己是公主,爸爸是国王。没想到她的爸爸真的是国王。

生:她做的事情非常有趣。比如睡觉的时候,脑袋放在被窝里,脚却放在枕头上;老师让她做算术,她都不会;她还和警察一起玩游戏。

师:与众不同的小姑娘,你们喜欢和她一起生活吗?老师猜想,和她在一起,生活一定充满乐趣。接下来请看,他们是谁呢?

(出示哆啦A梦、拇指姑娘的图片)

生:(兴奋地)这是哆啦A梦。他有一个四维口袋,不管遇到什么困难,只要摸摸四维口袋,从里面拿出宝贝,就可以解决问题。

师:有这样一个口袋多好啊。另一位是谁呢?

生:拇指姑娘。她被癞蛤蟆抢走,又被小鸟带着飞,后来在鼹鼠洞里遇到了燕子,她救了燕子,最后嫁给花王子,成为花的王后。

师:是的。她是著名童话作家安徒生笔下的人物。

师:同学们,请你们看着这些人物,他们有的拥有魔法,有的脑袋里藏着许多与众不同的想法,还有的经历了磨难,最终获得了幸福……像这样的人物,你们一定还知道很多吧?

生:猪八戒。

生:愚公移山。

师:纠正一下:人物是愚公,他做了一件了不起的事情——移山。

生:海绵宝宝,小豆豆。

师:你说的是《窗边的小豆豆》里的小豆豆,真好。

……

师:同学们,如果让你们和其中的一位人物度过美好的一天,你们愿意吗?

生:(激动,大声地说)愿意。

师:那你准备和谁过一天呢?请你们认真思考,慎重地作出选择。

二、借助图式,自主表达

师:一天说长不长,说短不短(出示一天时间节点的图示)。早上,中午,傍晚,晚上,有4个时间节点,你们觉得哪一个时间节点会和你们选定的人物一起经历什么样的有意义的事呢?我们先看一段视频。

(播放《长江七号》电影中的一个片段:周小迪带着"长江七号"去学校,"长江七号"帮周小迪制造眼睛和运动鞋的片段)

师:同学们,刚才你们都忍不住笑了,你们看到了什么?

生:我看到周小迪考试时作弊,被老师发现后他的反应很夸张。还有,他穿上运动鞋之后,成为运动能力超强的人,最有意思的是,他还飞到了天上,打出了大力神掌……

师:这一切都是周小迪想到的。如果让你与你选定的人物共度一天,你会和他在哪个时间节点发生什么有意思(刺激)的事呢?(指着屏幕中一天的时间节点图)四人小组说一说,然后完成时间节点的思维导图。

生:我想和海绵宝宝度过一天,我们去海底世界,骑到鲨鱼的背上。

师:这一定很刺激。

生:我想和小猪佩奇度过一天,和她一起在泥坑里打滚。(全班大笑)

师:你的想法与众不同,这一定是最真实的想法,真好。

生:我想和长袜子皮皮待一天,和她一起去马戏团看马戏。

师:我也喜欢看戏,带我一起去好吗?

生:我想和精卫过一天,看看她是怎样填海的。

师:掌声(鼓掌),你的想法独一无二。

……

师:同学们说得真好,都有自己最真实的想法。这样有创意的想法,老师来不及一一听,就请你们根据完成的时间节点的思维导图,拿起笔,把最有意思的事写下来吧。(出示习作小提示)

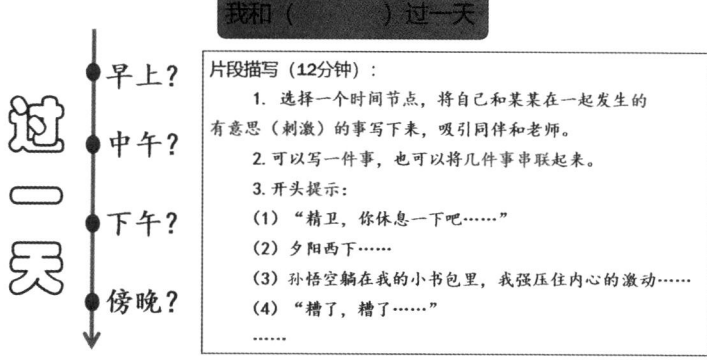

师:同学们,看看这个习作小提示,拿起笔开始书写,注意将自己和某某发生的事情写清楚,若能吸引同伴和老师就更好。

(生自由书写,师巡视,在个别学生需要帮助的时候,给予指导)

三、集体讲评,二次修改

师:同学们一拿起笔就停不下来,洋洋洒洒地写。先停下你们手中的笔,没写完的可以改为说,谁愿意将自己的文章拿出来与大家分享?

(屏幕展示学生的习作,生自己阅读)

师:同学们,你们认真地听,觉得她写的哪些地方吸引了你,选择一处吸引你的地方,然后说一说吸引你的原因。(学生习作如下)

"哆啦A梦,快起来,快起来!"我眯缝着眼睛,大声叫。

"我的主人,怎么了?天还没有亮呢!"哆啦A梦说。

"我都要迟到了,我把你买过来,又不是让你睡懒觉的。"我生气地说。

哆啦A梦张开眼睛坐了起来,圆溜溜的身子滚到了床下。"主人,别怕,我有四维口袋,保准你不会迟到。"说着,他将手伸进了四维口袋,摸出了任意门,我们一走进任意门就到了学校。哈哈,真好,我买的哆啦A梦真有用。我把它放在我的书包里,不想让同学们知道。

> 放学回到家,哆啦A梦就说:"主人,你陪我玩,好不好?"我气呼呼地说:"我作业还没有完成怎么玩啊?""没有关系的,先玩啊,我的四维口袋能帮你的。"他拉起我的手就开始往门外跑。

生:(继续说)是的,有了哆啦A梦,还写什么作业呢?只管和哆啦A梦疯玩去了。

师:同学们,你们觉得哪里最吸引你?

生:"我把你买过来,又不是让你睡懒觉的。"这句话很有意思,说自己买的。

生:我也觉得他们的对话很有趣。

师:你们都觉得他们的对话很吸引人,仿佛哆啦A梦真的就在她的身边,她都听到了哆啦A梦说的话了(板书:听到声音),还有吗?

生:我觉得,哆啦A梦拉着她玩很有趣,她都不用写作业了,因为哆啦A梦能帮她写。

生:我觉得他们一走进任意门就到了学校这个情节很吸引我。

师:掌声(热烈鼓掌),是啊,这位同学将哆啦A梦做的事情都看清楚了,哆啦A梦就在她的身边(板书:看到动作)。

师:老师还觉得这些地方很吸引人,"哈哈,真好,我买的哆啦A梦真有用","有了哆啦A梦还写什么作业呢?",这是小作者的——

生:想法。

师:有了这样的想法(板书:想到心里),小作者仿佛就将我们吸引到故事里去了,我们好像随着作者来到了现场(板书:来到现场)。请把掌声献给这位同学。我们来总结一下,这位同学写的作文之所以吸引人,是因为她自己仿佛就在现场,看到了——

生:哆啦A梦的动作。

师:听到了——

生:哆啦A梦的声音。

师:想到了——

生:自己的心里。

师:这样就能让读者身临其境了,太了不起了。那么,其他人也是这样写的吗？请同桌交换习作，读一读同桌的习作，发现写得好的就赞赏一下，发现文章有不是特别好的地方，提一提意见，让同桌的习作改得更吸引人。

……

师：同学们的讨论很积极，根据同桌提的意见以及板书上的小秘招能修改修改自己的习作吗？

（再次分享同学们修改的习作，从看到动作、听到声音、想到心里三方面进行讲评）

四、经典欣赏，拓宽路径

师：同学们，看你们的文章，老师仿佛身临其境，说明写得真好！其实很多著名的作家也是这样写的，想不想去看看？

生：想。

师：（出示《长袜子皮皮》中的一个片段：皮皮与警察玩拍人游戏中的一节）同学们，请你们默读这个片段，你们觉得哪里最吸引你们呢？作者看到了什么，听到了什么，想到了什么呢？

生：作者看到了皮皮爬上屋顶，跳到树上，还看到警察在后面追皮皮呢。

生：作者还听到了皮皮说的话——"你们为什么生这么大的气，我们在玩拍人游戏，大家都是朋友啊。"

生：作者想到了皮皮的心里面去了，很有趣。

师：作者仿佛就在现场看到皮皮过的一天，是吗？真好。请你们再看屏幕，皮皮与警察玩只是发生在其中一天的事。你们猜，作者还看到了皮皮在其他日子发生的事吗？

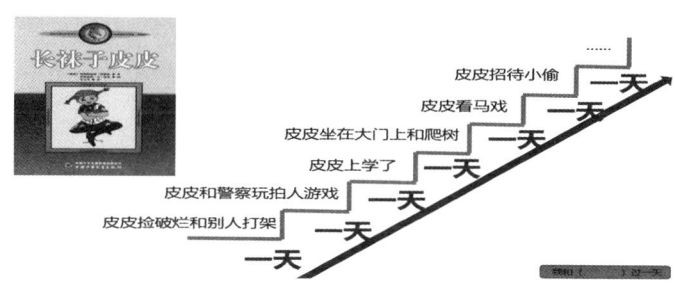

师：你们发现了什么？

生：一天的事写完了，再写另一天发生的事，这样故事就很多了。

生:作者仿佛看到了皮皮每一天发生的事,然后就写成了一本书。

师:是的,作者就是这样写的。你们和某某过了一天后,可能还想过第二天,过了第二天还想过第三天……这样一来,一本神奇的书可能就诞生了,而这个作者就是——

生:我们自己。

师:课后,同学们可以找来《长袜子皮皮》或者《窗边的小豆豆》读一读,看看作者是不是仿佛就站在他们的身边,听他们说话,看他们做事,甚至想到了他们的心里,然后将他们一天一天的事情变成一个长长的故事呢?课后,给今天写的片段加个开头,然后将一天中其他时间节点的事情也写下来,完成一篇精彩的习作。若你们愿意,也可以一直往下写,最终就写成了一本书,好吗?

生:好的。

师:下节课,我们共同欣赏你们完成的习作,让我们期待这神奇的一天。下课。

 点评

创意想象:给读写活动加点"氧"

周一贯

何夏寿老师指导的《我和某某过一天》相当精彩。这是一项令小学生难忘的读物中某一喜欢的人物,设想与他(她)一起生活一天,这一天会怎么度过,又会留下多少难忘的故事的习作。这显然是一个特别令孩子兴奋的话题。但是写好这篇习作并不那么简单,因为这关系到如何有效地展开创意想象的问题。想象说起来很普通,无非是指人们在记忆表现的基础上去创造新形象、新情境,其实他是人的主观能力,能动性的一种高度表现。无论是再造想象力,创造力,想象力和幻想力,都是由诸多因素负荷而成的智力结构。它以敏锐的观察力,坚实的记忆力和丰富的联想力为基础。而原有表象的改组与新表象的建构,又需要较强的分析力,判断力,推测力和注意力。正因为何夏寿是儿童文学作家(浙江省作协会员)自然深谙想象之道。这正是他教好这堂习作课的重要条件。习作是一种言说,要完成好,当然要言之有因,言之有物,言之有序,还要言之有劲(逐渐达到说准确,说生动)。在本次习作中,以上目标的达成,都有创意想象给读写生活加氧,不妨从上述四个方面一探这堂好课的通幽曲径。

首先是言之有因,以激趣导入。

想象力的发展受到个人心理目标及个人一定的需要,欲求和愿望的推动,不是可以凭空产生的,这就不难理解本案的第一回合为什么是玩游戏(猜孙悟空,哈利波特等,并说说你所知道的好事)。这绝非可有可无的闲笔,教师正是要通过这些孩子最熟悉的某某激发起大家想说说他们是最生动,最有趣的那些事,唤醒原先就沉积在内心深处的情感。如果能和他们其中的一位一起过一天,又会多么有趣、有情味、有意思。这里讨论到的人物很多,有长袜子皮皮,哆啦A梦,拇指姑娘,猪八戒乃至愚公,海绵宝宝,

小豆豆等,以开拓可供选择的天地。这就为你准备和谁过一天激发了想要表达的欲求。

接着是言之有物,放飞心情。放飞想象,和某某过一天怎么过。关系到习作需有具体的内容,这显然是难点所在,学生既要有联系现实生活的根基,使这里的过一天,富有生活情趣而被添感人力量,又要善于联想。联想来自联想力,是指人依据事物之间的某种联系。由一事物联想另一事物的能力,这虽然属于一种比较简单的或低级形态的想象力,但联想是否丰富,却要依赖于能否真正放飞想象,保证有足够多的联想点。这里教师要通过一天的时间节点,并选定相应的人物来设想,可能会经历哪些有意思的事。为了切实解决言之有物,教师还借助电影《长江七号》中的一个片段:周小迪带着"长江七号"去学校,"长江七号"帮周小迪制造眼镜和运动鞋……组织了现场讨论,并由他及己:你准备怎样写好与某某过的那一天生活。这样十分放松的、闲聊似的共享,无疑会激起同学们想象的波澜,而且会极大地丰富过好这一天有意思的活动。

第三,当然还是言之有序,如何借助导图。

我和某某过一天是一个有序的话题,因为一天首先是时间有序,总得从早到晚,所以和老师比较强调的是时间节点,早上,中午,傍晚。晚上一般有四个时间节点,你们觉得哪一个时间节点,会和你们选定的人物经历怎样有意思的事呢。教师的这一题十分重要,这里不仅关系到题目中,和某某过一天的一天,不是一个中午或者一个晚上。是以涉及一天生活的事叙述,就必须有序。这样"时""事"双线推进,互为关照,这就有必要借此思维导图的帮助以确保有序不紊。"思维导图"源于图式理论,最早由德国哲学家、心理学家康德于1781年提出,其理据为大脑存储的概念极为丰富,而图式则是连接概念和感知对象的纽带。20世纪60年代由托尼·巴赞提出的思维导图更进一步认为,这是一种放射性思维的表达方式,也是人类思维的自然功能,它是一种非常有用的图形技术,是打开大脑潜能的万能钥匙。(《思维导图,放射性思维》,作家出版社,1998)。所以思维导图也叫"心智图""脑图",在香港和台湾地区,还被称为概念图。何老师把思维导图应用于本案例,对理清时间与事件的关系,写好"我和某某过一天"的这篇习作,达到言之有序是很有意义的。

最后强调,落实于言之有进,着意于重在修改。

好文章是改出来的,小学生习作当然更离不开自我修改。"习"的本意就是小鹰学飞,是展翅的起步。必须一次又一次地尝试,一次又一次地习练。修改无疑是最重要的,何老师十分重视这一步的落实。通过屏幕先展示学生写得比较好的一篇初稿,让大家分享:他写的哪些地方吸引了你,发现一处吸引你的地方,然后说说吸引你的原因。这是正面的激励,同时也为写作作借鉴,接着便让大家对照自己的草稿作修正,作补充。最后还不忘给大家一个憧憬,与某某过一天写的只是一天,如果我们喜欢一天一天写下去,也可以写成一本书啊。确实!小学生习作虽然只是写作的起步,但一样应该有属于他的"诗与远方"。

第十二课 童诗:咀嚼和触摸

——"无中生有"写童诗(五年级适用)

学习目标:

1. 通过品、读、议、说等形式,初步感知用"无中生有"的方法写诗歌,描绘快乐健康的童年生活。
2. 通过说一句到一段等策略,降低写作难度,激发对童诗写作的兴趣。
3. 感知诗歌语言的特点,提升丰富的想象力。

教学过程:

一、激发兴趣,引出童诗

师:咱们中国是一个诗的国度,每个读书人的肚子里,没有几首诗歌,是很对不住中国这个称号的。你有吗?

生:有,很多。

师:好自信。谁来背一首?

(生背《将进酒》)

师:太了不起了。

师:下面,我们来玩一个小游戏,我让大家猜一猜——

(PPT出示)

　　饥时,嚼一点

　　渴时,嚼一点

师:特别提醒,这个猜测和"诗"有关。你不要告诉我,这是糖葫芦,或是口香糖,那样我会很尴尬的。

生:苹果。

师:吃货。一点诗意都没有。

生:饼干。

师:已经对你说了和诗有关。是不是早上没吃?(生笑)

生:是——想不起来了。

师:好了,不为难你们了,我宣布答案吧(投影出示《母亲的嘱咐》)。一起读——

(出示《母亲的嘱咐》
　　——王宜振
临走的时候
把母亲水灵灵的嘱咐
掐一段　放在阳光下
晒干　装进小小的
旅行袋

饥时　嚼一点
渴时　嚼一点
一小段晒干的
话儿　嚼它
需要我一生的
时间)

二、点拨启发,品读诗语

师:知道是什么了吗?

生:母亲的嘱咐。

师:"嘱咐"一词熟悉吗?

生:熟悉,是长辈对晚辈的吩咐。

师:"嚼"字熟悉吗?

生:熟悉。

师:是的,嚼口香糖,嚼苹果,包括嚼舌头,我们都很熟悉,但"嚼嘱咐",熟悉吗?

生:(纷纷摇头)不熟悉。

师:两个非常平常、熟悉的词,由于搭配的问题,变得新奇、陌生和好玩,这就是诗歌语言的一个特点。在这首诗里,类似这样的词句还有好多,看谁能找到?

(学生自读,圈画,举手)

师:谁来说。

生:我找到"水灵灵"。

师:为什么"水灵灵"是熟悉而陌生的呢?

生:水灵灵一般形容某个事物,比如水果、蔬菜等,嘱咐是语言,看不见的,我觉得挺新奇的。

师:有理有据,将来也是个诗人。请坐。还有吗?

生:我找到的是"晒干"。

师:同样说理由。

生:嘱咐只是话,不像东西可以拿出来晒。

师:有道理,请坐!

生:老师,我还没讲完呢。(全场笑)

师:(笑)你是长篇啊。不好意思,请讲——

生:还有"掐一段",作者把"嘱咐"看作瓜果什么的,可以掐下来的,还有就是"饥时,嚼一点"。

师:还有吗?

生:没有了。(全场笑)

师:综上所讲,"嘱咐"是看不见摸不着的,但在这首诗里,"嘱咐"可以看,可以掐,可以吃。这样的语言,很新鲜,很奇特。那么这些新鲜的、奇特的语言,想要表达什么感情呢?大家再自由地读一读。

师:别举手,把你体会到的,用朗读表示出来。

生:(读得很投入)

师:我听出来了,今天早上妈妈嘱咐你:天有点冷,衣服要多穿些。是吗?

生:是的。(感动得擦眼睛)

师:谁再来读,请你——

生:(声情并茂地读)

师:妈妈嘱咐你什么了?

生:妈妈每天嘱咐我,过马路要注意安全,千万千万。

师:妈妈的嘱咐,像长长的丝线,永永远远地牵挂着你。体会得真好。大家发现了没有,这首诗仿佛也是个故事,我们用记故事一样的方法来记一记。

师:怎么记呢,我来问你来答。临走的时候,把母亲水灵灵的嘱咐,怎样?

生:掐一段　放在阳光下

　　晒干　装进小小的

　　旅行袋

师:干什么用?

生:饥时　嚼一点

　　渴时　嚼一点

师:能用多长时间?

生:一小段晒干的

　　话儿　嚼它

　　需要我一生的

　　时间

师:同桌之间互相你问我答一下。

(同桌一起背诗)

三、再读童诗,强化诗语

师:嚼完了《母亲的嘱咐》,我们再尝尝《声音的味道》。

(投影出示——

　　声音的味道

　　　　——王宜振

　你的声音

　从电话里传来

　有风的味道

　有雨的味道

　有甜的味道

　有酸的味道

有冰淇淋的味道

　　有巧克力的味道

　　有果酱面包的味道

　　有蛋黄饼干的味道)

师：自由读诗，评诗。

师：这简直是声音的魔术，你读着读着，联想到了谁的声音？

生：我想到了姥姥告诉我，她要来看我。

师：你姥姥是哪里的？

生：东北的。

师：多长时间没见过了？

生：一年多了。我小时候是姥姥养育的。

师：你想念姥姥了，这个声音太珍贵了。谁还想说——

生：我想到这个声音是爸爸在外地打来电话祝我生日快乐的！

师：你和爸爸多久没见面了？

生：半年多了。

师：每逢生日想爸爸，虽然过的是你的生日，也没忘和爸爸同乐。孝顺！还有人想说吗？

生：这个声音，是我朋友在电话中说，那个秘密只有天知地知你知我知！

师：什么秘密？

生：我不说的。

（全场笑）

师：打死也不说。你有这样的朋友，骄傲！

（笑）

师：如果我告诉你这首诗还没写完，接下来会怎样写？剧透一下，接下来的魔术变得更大了，不光是嘴巴，其他器官也上场了，比如鼻子、眼睛、耳朵统统出手。

生：声音红了。

师：你开眼了。

生：声音水灵灵了。

师:眼是开了,但是抄袭人家《母亲的嘱咐》。想知道诗人是怎样写的吗?

生:想!

师:(投影出示——

嚼着嚼着

把日子嚼甜了

把生活嚼香了

把月牙儿嚼成弯弯的香蕉了

把天上的小雨

嚼成五颜六色的彩虹了)

师:日子甜,是谁的功劳?(舌头)生活香呢?(鼻子)香蕉和彩虹呢?(眼睛)。你看,五官总动员,中国好声音。作者想表达什么呢?

生:对这个声音强烈的喜爱、思念和眷恋。

师:好成熟,而且一步到位,一次说尽,让别人无话可说。

(全场笑)

师:(投影出示两首诗)发现了没有,这两首诗有哪些相似之处?

生:声音和嘱咐,本来是无影无踪的,在诗人的笔下,变得有形,有色,有味。

师:真好,这种把本来看不见、摸不着的语言啦,声音啦,想法啦,当成看得见、摸得着、闻得到的东西来写,把没有的当成拥有的,用个什么词来概括一下? 你说——

生:无中生有。

师:好!请你到黑板上将这四个字写下来。这就是我们今天学到的写诗方法,一起说——

生:(集体)无中生有!

师:我还得告诉大家,这两首诗,出自著名诗人王宜振先生之手。课后大家去找找读读王老师写的诗。

四、从说到写,落实语用

师:下面,我们休息一下,请个歌星来唱首歌。大家说好不好?

生:好!

师:请谁呢,名气不要太大。我们就请周杰伦同学吧(投影出示周杰伦)。

(全场笑)

师:请周杰伦同学为我们唱一首《菊花台》。

(视频出示——

菊花残 满地伤

你的笑容已泛黄

花落人断肠

我心事静静淌

北风乱 夜未央

你的影子剪不断

徒留我孤单

在湖面 成双)

师:周杰伦同学唱的这首歌,也用到了"无中生有"的方法。谁能找一找?

生:笑容黄,心事淌,北风乱,影子剪不断。

师:看来,我们都会无中生有了。是吗?

生:是。

师:我来检测大家是真懂还是假会。我们用"无中生有"来说诗吧。

师:先玩简单点的,我们以"梦"为题,我说第一句,请你接着我的诗说一句,明白游戏规则了吗?

梦是风铃

叮当叮当

师:听出来了没有。我这句诗里有看到的,什么?(风铃),还有听到的,什么?(叮当叮当)好的,接下来,轮到你来说了。

生:梦是小溪,哗啦哗啦。

师:开门大吉。谁接着说——

生:梦是小鸟,叽叽喳喳。

师:不错,继续接力——

生:梦是阳光,阳光——

师：阳光发不了声。换一个。

生：梦是草莓，酸酸甜甜。

师：酸酸甜甜不是声音，是味道。这个说法也可以，梦是多元的。包括刚才的阳光，比如梦是阳光，明明亮亮，其实也不错。但我这里有要求，第一句是看到，第二句是听到。所以，只好说抱歉了。谁有看到的，听到的梦——

生：梦是秋蝉，知了知了。

生：梦是春雨，嘀嗒嘀嗒。

师：很好啦，我们把刚才的诗句串起来念一下，就是一首不错的诗了。接下来，我请大家以时间为题，用"无中生有"的方法，来写一首诗。

（学生写作5分钟）

师：下面我们来交流一下。谁愿意和大家分享。很好，我们请这三位同学做代表。用上"你好，我是某某某，我为你读诗"开头。可以吗？

生甲：你好，我是夏鑫雨，我为你读诗：

  时间是牛排的味道

  时间是青草的味道

  时间是野花的味道

  时间是香的

  时间是野马奔跑的声音

  时间是雨点嘀嗒的声音

  时间多么美妙

师：说说，你喜欢时间吗？

生1：喜欢。

师：何止喜欢，你是疯狂地热爱啊，在你的诗里面，时间要多美就有多美，前一段有味道，后一节有声音。每一句诗不是可尝就是可听。而且读起来朗朗上口。想过将来做什么吗？

生1：没有。

师：当诗人去！（全场笑）有请第二位。

生2：你好，我是李梓溪，我为你读诗，题目是"时间"。

师:停一下,你姓——

生2:姓李。

师:李白的李吗?(是)开始吧!

生2:时间是小溪

在记忆的海洋里流淌

时间是花香

在花的王国自由发香

时间是流星

划过淡淡的 无边的忧伤

师:大家来评评,写得如何?

生:很好,时间能流淌,就写活了;时间还闻得到,时间还像流星,能看到它。

师:确实不错的,将看不到的时间,变得能看的流水,流星,能闻的花香。而且还对时间的稍纵即逝,表达忧伤。

师:第三位了,(面向第三位学生)你不是姓李吧?

生3:我叫李江山。

师:不但姓李,而且连江山也归李了。按一代五十年计算,你应该是李白第二十五代传人了。李传人,有请。

生3:你好,我是李江山,我为你读《时间》:

时间是白马

他总是在飞快地奔跑

我也在追究他——

慢慢地 我追不上他

时间是流水

他总能从缝隙中穿过

我伸手抓他——

哗啦啦 他已经溜走了

(全场热烈的掌声)

师:好评如潮啊,我再说就显得特别多余。但还是想说两句,首先祝贺你确实写得好,时间如烟,你珍时爱时的感情洋溢在字里行间;其次,我提个小小建议,写诗要简洁,能少用字就少用。比如,"时间是白马"后,"他总是在飞快地奔跑"一句,把"他"字去掉,读一读。有没有影响诗句的意思(没有),那这个"他"就是多余的。同样的,第二小节中的"他总能从缝隙中穿过"一句——

生3:这个"他"也可去掉。

师:是的,李家的,就是悟性高,没办法。你的理想是当诗人吧?

生3:我想当科学家。因为我爸爸也是搞科学研究的。

师:那就当诗人科学家,温暖浪漫地去研究,把研究成果用诗一样的语言,温暖浪漫地来推广。(生笑)

师:由于时间关系,其他同学的诗作,就请大家课后去朗读了。同学们,这节课就要说再见了,我提议,咱们用对诗句的方式来结课吧。好不好?(好)。我出上句:上课的时间是乌龟,爬得很慢很慢。你们对下句。

生:下课的时间是小鸟,飞得很快很快。

师:真好,再来一句。上课的时间是位80岁的老人,走得很慢很慢。

生:下课的时间是个8岁的小孩,跑得好快好快。

师:上课的时间是中药,很苦很苦。

生:下课的时间是蜂蜜,很甜很甜。

师:那就吃蜂蜜去吧,下课!

原文

母亲的嘱咐

王宜振

临走的时候
把母亲水灵灵的嘱咐
掐一段　放在阳光下
晒干　装进小小的
旅行袋

饥时　嚼一点
渴时　嚼一点
一小段晒干的
话儿　嚼它
需要我一生的
时间

声音的味道

王宜振

你的声音
从电话里传来
有风的味道
有雨的味道

童诗：咀嚼和触摸

有甜的味道

有酸的味道

有冰淇淋的味道

有巧克力的味道

有果酱面包的味道

有蛋黄饼干的味道

嚼着嚼着

把日子嚼甜了

把生活嚼香了

把月牙儿嚼成弯弯的香蕉了

把天上的小雨

嚼成五颜六色的彩虹了

 点评

"诗心"本于"童心"

周一贯

诗与儿童似乎很遥远,其实不然。儿童诗的小巧晶莹、天真烂漫、想象奇特,甚至俏皮幽默、情趣逗人,本身就是童心的流露。难怪有人认为儿童都是天生的诗人。确实,"诗心"本于"童心"哪!

应当说,这堂童诗写作指导课,最有力地说明了这一点,最值得品尝揣摩的也是这一点。当然,说起来也许很容易,但怎么做到这一点,却并不简单。因此,我们的品评,就得研究一下这堂课何夏寿老师是怎么操作的:

一、重点抓得准,"滴灌"突破

教学设计的艺术品质,在于能抓准提升学生学习力的突破点。童诗写作应当抓什么,也许你会觉得千头万绪,似乎哪一方面都很重要,都得引导。教师如果普施甘霖,来一个"漫灌",可能既费时费力,又让学生不得要领。为此"滴灌"就显得十分关键。教师若能抓准"穴位",一"点",学生自然就会心领神会。当然,这需要功力,不仅要熟知儿童诗写作的要害,更要了解孩子学写童诗该从何处下手。这里,教师选择了"无中生有"这一点是别具匠心的。因为这不仅凸显了童诗富于想象的特点,而且涉及了比拟、隐喻的艺术手段。显然,这都可以理解为"无中生有"。教师把"饥时嚼一点""渴时嚼一点"作为突破口,让学生思考:这是在讲"吃东西"吗?当然不是,是在讲"妈妈的嘱咐",并由此串起了"水灵灵的"(嘱咐),"晒干了的"(嘱咐)……把所有这些串起来,原来都是"想象",于是"想象"便有了"无中生有"的艺术意趣。这让孩子一下子打开了心窍,激活了他们原来就有的诗心。显然,在一堂课里学写童诗,要达到以一驭万的效果,这一"穴位"是抓得十分智慧的。

二、铺垫作得细,步步为营

"重点"是教学要突破的目标,要达到这个目标当然得有一个过程,但若过程不得法,不具体,"无中生有"就落实不了。在这方面,教师的层层铺垫做得细致有效,以"步步为营"的"战术"撬动了孩子们的写作灵感。

教师先以"熟悉"与"陌生"这样两种相对的概念,让学生品读王宜振的诗作《母亲的嘱咐》。哪些是你"熟悉"的,哪些是你"陌生"的?于是,本来"熟悉"的是"有","陌生"的属"无",可诗人又是怎样"无中生有"的?实现这个过程是关键性的。因为教师作得很"细",所以学生悟心顿开。在读了《母亲的嘱咐》之后,教师进一步让学生品析王宜振的另一首童诗《声音的味道》。这是进一步的铺垫,由"你的声音"的味道,让学生学着体味各自不同声音的味道。有同学说是"姥姥"的,有说是"爸爸"的,有说是"同学"的……于是从读到议,从议到说,从说到写,让学生体验到"无中生有"并不困难,关键需要他们展开想象的翅膀。

三、交流搞得深,兼具"自改"

课堂学习的最大特点是"共学",这自然离不开"交流"。综观整堂课的推进,学生在交流中质疑,在质疑中碰撞,在碰撞中深化认知,在新的认知中学习自改。这里特别突出的是教师的随机渗透:如何使童诗做到精炼,如何省去那些可有可无的词语;在"无中生有"时又如何做到想象既要大胆,又需合理。

四、诗心本自在,贵在启发

感受这堂课,我们会觉得学生学得并不特别艰难,教学推进得流畅又水到渠成。这里应当看出教师制胜的原因是对孩子的了解,对孩子的那种真诚的爱。而这一切似乎并不神秘,也不抽象,只是得益于教师对教学对话的组织引领。教师总是密切关注着学生的真实生活,如你将来想做什么?你爸爸是干什么的?你有多长时间没见到姥姥了?……在交谈中引出的话题充满了深沉的关切和热情的鼓励。所有这些有温度的且又不失风趣幽默的对话,充分体现了"诗心"不是外加的,它本来就在"童心"之中,重要的是教师也要有一颗纯朴的童心,才能找准启发孩子诗心的那个"频道"。

第十三课　边塞话英雄,诗里品豪情

——统编教材四年级上册《古诗三首之〈出塞〉〈凉州词〉》课堂实录

教学目标:

1. 用比较的方法学习同一类型的古诗,发现边塞诗在题材、主题等方面的特点。

2. 了解诗歌大意,能根据注释,理解"但使龙城飞将在,不教胡马度阴山"和"醉卧沙场君莫笑,古来征战几时回"的意思,并能体会其感情。

3. 认识"塞"等6个生字,理解生字组成的新词。

教学过程:

一、情景引入,了解课题

师:我们就这样愉快地见面了,为了表示我对你们的喜欢,我决定给你们唱首歌!

(生鼓掌)

师:蛮懂礼貌哦,先鼓掌再欣赏。好,我唱了,过会儿你们得告诉我唱了什么歌。(戏曲曲调演唱《出塞》)

(学生掌声热烈)

师:别鼓掌,别鼓掌,我知道我是歌王,但掌声可以不要。(全场大笑)知道今天学的是什么吗?

生:(大声说)知道,学古诗。

师:没错。这节课我们学两首唐诗,一首是我刚刚唱过的王昌龄的《出塞》。《出塞》的"塞"是什么意思?

生:边疆。

师:我们一起来书空这个"塞"字。这首诗的作者王昌龄曾经去过边关,诗里写的是他的所见所思。谁来读读课题?

生:出塞!

师:真好,读出了守卫边疆的豪迈。

师:这节课学习的另一首诗,是老师刚刚没唱过的——(出示课题)

生:《凉州词》。

师:作者是唐朝的——

生:王翰。

师:关于这首诗的意思,课文给了介绍,自己读读注释。

生:我知道这是一首曲名,凉州在今天的甘肃武威。

师:曲名就是曲子的名字。因为这个曲子诞生在凉州这个地方,所以叫凉州词。如果诞生在长安,那么这首曲子叫——

生:长安词。

师:诞生在我们的家乡江南,叫——

生:江南词。

二、学习字词,熟读古诗

师:一节课里学两首诗,怕不怕?(生答"不怕")好,大家预习过课文了吧?会读这两首诗吗?

生:(充满信心)会!

师:好嘞,一起读吧——

(齐读两首诗)

师:哇,第一次就读得那么好,真了不起!本来我还准备了一些生字、新词,想考考大家,看来我有眼不识泰山了?

生:是!

师:一点不谦虚啊!你看看后边听课的老师有掌声吗?

生:没有。

师:那说明他们有点怀疑。我们还是低调点,读一读吧。

生:好!

师:就这样,一个生字读两遍,如果你觉得这个生字同时也是个新词,那就连起来当作一个词儿读两遍,有点考验大家,开始吧。

(齐读:"塞、秦、征、琵琶"等5个生字)。

师：知道琵琶是什么吗？和这个"枇杷"有什么不同？

生：读音相同，意义不同。

师：(出示图片)没错，琵琶是乐器，用来弹的；枇杷是水果，用来吃的。这个"将"字穿着绿衣服，这是为什么？

生：多音字。

师：还有一个什么读音？

生：将要的"将"，是第一声。这里读第四声。

三、比较阅读，感知诗意

师：现在，我们再来读读这两首诗。这次，我想把全班同学分成男女两个组，我们比赛一下，看哪个组不光会读，而且读得好听。

生：(响亮地回答)好！

师：男生优先，读第一首《出塞》，起——

(男生齐读)

师：真棒！太了不起了，读得坚定自信、威武、雄壮。有你们在，我们小老百姓就放心了。(笑)怎么样，女生有压力吗？

生：(站起来)没有！

师：哦，一群花木兰！知道花木兰吗？

生：知道的，一个女英雄。

师：没错，和杨门女将里的穆桂英一样，是我国古代赫赫有名的女将军！

师：女将军，你们上！

(女生读《凉州词》)

师：读得英姿飒爽。花木兰根本比不过你们。

师：你们是几年级啊！

生：四年级。

师：其实对于四年级的小朋友来说，光会读诗还不是太厉害。

生：要会背。

师：背也是小儿科。我们来玩更厉害的，猜诗。还玩不玩？

生：玩！

师：(出示沙画)谁知道这是今天学的哪句诗？

生：秦时明月汉时关，万里长征人未还。

师：真好，一起读。

（生读）

师：我想问问你，你是怎么猜出来的呢？

生：画着明月，还有边关，还有万里长城。

师：看来看图猜诗这一招难不倒你们。再来难一点的，请你听话猜诗。什么叫听话猜诗呢？就是根据我的话，猜猜哪句诗。请听好，美酒倒好了，杯子拿上了，刚想喝，就听到从马上传来琵琶的声音，原来是催我们出发打仗了。

生：葡萄美酒夜光杯，欲饮琵琶马上催！

师：大家有意见吗？没意见就一起读。

（生读）

师：读得还真像上前线打仗一样。看起来，咱们班确实优秀，听话猜诗这一招也难不倒你们。既然那么优秀，那我们来挑战更难的，让我们的优秀谁都看见！

生：（兴致高昂）好！

师：我的问题是：这两句诗里有哪些相同的地方。问题有点难，有没有被吓到？

生：没有。

师：不急，可以想一想，也可以翻开书本，也允许同桌或者四人小组讨论。先请你们读一读，再想一想，比一比，发现了什么地方相同的，比如时间、地方、事情、人物有什么相同的。有一处说一处，谁先来——

生：都是唐朝的诗。

生：都是战争的。

生：都是讲守卫边关的。

生：都是讲热爱国家的。

师：真好。请根据写的是哪个朝代，故事发生在哪个地点，讲了什么事情，表现了战士的什么感情等几个方面的问题，连起来说一说。

（生连起来说了四个方面。）

师：说的一套一套的，太有才了。你们看，不比不知道，一比吓一跳，原来这两诗里有这么多相同的地方。我们再好好地读一读这两句诗。

（生齐读）

四、结合注释，说说诗句

师：其实这两首诗里，还有一个相同点，前两句都在讲故事，讲看到的，秦时明月啦，汉时边关啦，葡萄酒啦，夜光杯啦，是不是？那么后两句"但使龙城飞将在，不教胡马度阴山；醉卧沙场君莫笑，古来征战几人回"都是写——

生：想到的。

师：没错，你们真是我的知音。我们来看看这两句诗。

（板贴：但使龙城飞将在，不教胡马度阴山；醉卧沙场君莫笑，古来征战几人回）

师：学到这里，我们放松一下，我们来玩一个游戏。知道"撕名牌"这个游戏吗？我们今天玩"贴名牌"。怎么玩呢？我手上有几张名牌（出示词语卡），上面写着词语。我们的游戏是，穿越时间，帮帮这些词语，找找一千多年前它们的名字。然后贴到它们对应的地方。谁来，是贴名牌，不是撕名牌哦。

（生将这个张贴到诗句对应处）

师：我们来检查一下，"只要"一千多年前的大名叫——

生：但使。

师："不使"叫——

生：不教。

师："侵略汉人的外族骑兵"，原来叫——

生：胡马。

师：现在谁能看着这些，用今天的话，来说说唐代的这两句诗的意思。

生：只要龙城的飞将军李广还在，不会使侵略汉人的外族骑兵度过内蒙古的阴山。

师：你知道飞将军是谁吗？这里的李广指谁了吗？

生：这里指一切善战的英雄。

师：说得好，我们把这两句诗送到他们家里，大家一起来读读。读之前，请你说说，让不让敌人度过阴山。

生：坚决不让。

师：好了，那我们就读得坚定一些，自信一些，像宣誓一样，庄重有力。

（生读）

师：读得豪迈坚定，真好！大家还记得刚才我们是怎么来理解这两句诗的？

生：贴名牌，再连起来说。

师：其实这个名牌书里有的。对，就是注释。请你自己看着注释，说说"醉卧沙场君莫笑，古来征战几人回"。

生：我醉倒在战场上请您不要笑话我，自古以来前去出征的人没有多少是活着回来的。

师：真好，我们也把这两句诗送到它们的家里去。一起来读读。

师："古来征战几人回"是个反问句，如果不用反问，我们可以怎么说。

生：古来征战少人回。

师：那为什么不这么说呢？也就是改成反问句的目的是什么？

生：让我们来回答。

生：让我们更关注。

生：加强了悲壮的情感。

师：这些战士想不想回家呢？

生：想的。

师：没错，战士也是儿子，也是爸爸。说不定家里还有80岁的爹娘，也有七八岁的孩子。可是战争让他们不能活着回来了。讲到这儿，你的心里怎样？

生：悲伤，难过，想哭。

师：那我们怎么来读好这首诗呢？前两句要喜一点，后两句要悲一点。

（生读《凉州词》）

师：现在我们再来比较一下，这两句诗里，有没有相同的地方。

生：战士立志守卫边关。

生：还有，作好战死沙场的准备。

师：真好，无论是立志守关还是战死沙场，其实本质是一样的，都是为谁守边，为谁战死？

生：为国家。

师：那表达了什么呢？

生：立志报国，视死如归。

师：下面，我们带着这种悲壮和豪迈，再读读这两首诗。（第一首是先悲壮后豪迈，后一首是先豪迈后悲壮）

（生读）

师：我还得告诉大家，这两首诗里的边关边疆，在今天都属于我们中国。所以，那时汉族和北方少数民族的战争，都属于兄弟吵架，因为我们都是中国人。（出示PPT）

五、创设情境，背诵古诗

师：今天我给你们上课，你们的爸爸妈妈知道？

生：知道的。

师：原来你们宣传过我啊，我太开心了。我一开心，就决定要送大家一份礼物。在送之前，我要问问，要是你们的爸爸妈妈问起你们那个外地人老师都教了什么，你们会说吗？

生：教了我们两首古诗。

师：那你会背吗？

生：会背的。

师：你背一首给我听听，就背《出塞》吧！

（生背诵《出塞》）

师：背得不错，万里长征人未还。这些战士也真没良心，一到边疆，忘了家里还有父母孩子。

生：冤枉了。

师：冤枉什么了，不是说人未还吗？

生：因为他们不能回家。

师：为什么？

生：他们一走，那个边疆就没人守了，敌人就要打进来了。

师：哦，这么说来，他们是为谁不回家的？

生：为国家呢！

师：天下兴旺，匹夫有责啊！谢谢你孩子，你说得真好！下面谁来背第二首了?

生:我来背!

师:我挑个"花木兰",就你了。

(生背诵《凉州词》)

师:你会嘲笑这批酒鬼吗?

生:我不会的。

师:为什么呢?

生:他们也许是最后一次喝了,因为马上就要去打仗了,他们已经作好了牺牲的准备。

师:这么说来,你不但不会嘲笑,还很想给他们敬酒,是不是?

生:是的。

师:干了吧,勇士!干了这杯酒,战场拼杀无敌手啊;干了这杯酒,战死沙场不泪流啊!我们再一起豪迈地读读这首诗。

(生诵读《凉州词》)

师:最后再问一句,礼物还要吗?

生:要!

师:原来你们都没忘啊!好,我送了,请接收!

(师演唱《凉州词》,结课)

 点评

以文本特色点亮教学设计

边塞诗是我国古典诗歌中的一个重要品类。从《诗经·采薇》开始,很早就有写边塞生活的诗。到了盛唐,逐渐形成了以高适、岑参为主要代表的边塞诗派,在中国的古典诗歌中成为不容忽视的重要存在。于是,在小学语文的古诗教学中,自然也不能少了它的身影。

如何教学边塞诗,在今日的语文教学中是一个不能缺失的研究命题。本案例的重要亮点,便是教师牢牢抓住了两首边塞诗的文本特色,以简驭繁地在比较中有效达成教学目标。

一、展示了两首诗共有的边塞风光、边塞生活

教师以游戏的方式引导学生猜诗句,并把"秦时明月汉时关,万里长征人未还"(《出塞》)和"葡萄美酒夜光杯,欲饮琵琶马上催"(《凉州词》)置于一起作比较,凸显了边塞的风土人情。教师这样智慧调遣,不仅有助于学生理解诗句的含义,而且推升了边塞诗所独有的那种壮阔、豪迈的意境。在呈现方式上,教师又同中有异,如以"沙画"的独特方式,让学生体验"秦时明月汉时关"的意境美诗画相得益彰,堪称天衣无缝,充分展示了两首诗中的边塞风情,成为学生深入理解诗意,体会诗歌豪壮之美的必要手段。

二、彰显了两首诗共有的戍疆卫国的壮志豪情

汉军维护边境安定是戍疆卫国人的英勇之举。所以,歌颂这种英勇之举正是边塞诗的积极意义之所在。同样,这也是两首诗所共有的。教师再次用游戏的方式:"时间大穿越",用"只要"这一词卡让学生贴到诗句的对应处("但使"),从而体会"但使龙城飞将在,不教胡马度阴山"(《出塞》)诗句的含义。并用同样的方式,让学生解说"醉卧沙场君莫笑,古来征战几人回"(《凉州词》)。于是,在两处的比较联读中,让学生明白了两诗都是表达了为国为民守卫边关,战死疆场,在所不惜的豪情壮志。

三、调动了学生解读两首边塞诗的意趣

由于古诗中的边塞诗,无论就其思想内容或语言形式,都离学生现实生活比较遥远,这就难免会使他们在解读过程中觉得陌生和艰涩。所以,教师充分坚守了生本原则,通过演唱,尽可能贴近儿童生活的对话,以及多种游戏的方式解读词句、理解背景,使整个教学过程意趣满满。显然,这是我们在赏析本课教学中不可忽视的要点之一,这也是引导儿童在解读边塞诗中很值得关注的一个方面。

第十四课　有趣的松鼠，有招的说明

——统编教材五年级上册《松鼠》课堂实录

教学目标：

1. 认识8个生字。正确读记"乖巧、驯良、清秀、矫健、机警、玲珑、躲藏、追逐、强烈、警觉、触动、锐利、错杂、狭窄、勉强、遮蔽"等词语。

2. 朗读课文，了解松鼠的特点。与《鲸》一文进行比较，感受课文中准确的说明和生动、形象、细致的描写。把作者对松鼠喜爱之情的句子有感情地朗读出来。

3. 激发学生热爱自然、保护动物的人文情怀。

教学过程：

一、导入新课，梳理全文

师：同学们，我们已经学完了说明文单元的第一篇课文《太阳》，谁能说说自己已经掌握了哪些说明性课文的知识？

（学生发言之后，教师小结：举例子、列数字、作比较）

师：今天，我们学习说明文单元的第二篇文章《松鼠》。

（师板书课题，请同学们仔细观察"鼠"的笔顺，并让学生在写字本上书写"松鼠"两个字）

师：谁能来说说对松鼠了解有多少？

生：松鼠是一种很可爱的小动物，生活在松树上。

生：松鼠有一条大大的尾巴，可以帮助它高空跳跃，还能当被子。

师：看来，同学们对松鼠了解得还不少，学了本文之后，相信大家一定会对松鼠有更多的了解。自由朗读全文，读准文中的生字新词，并思考课文介绍了哪些关于松鼠的知识。

(学生自由朗读全文)

师:读完了吗?生字新词会读吗?

(出示:驯良　榛子　矫健　苔藓　狭窄　勉强

请学生认读,读准每个字的读音。

区别形近字:"矫""娇""骄")

师:说明文要把事物的特点准确清晰、明白无误地告诉大家。《松鼠》这篇文章告诉了我们关于松鼠的哪些知识呢?请读读有关句子、段落。

(生读句子或段落,概括提炼知识点)

教师引导学生总结:

(1)外形:第1自然段

(2)生活习性:第2、第3自然段

(3)松鼠搭窝:第4自然段

(4)松鼠的生育情况:第5自然段

师:如果我们把松鼠这么多的知识点梳理梳理,归在一起就是一句话,这句话就藏在文中,你认为应该是哪一句?

生:松鼠是一种漂亮的小动物,乖巧,驯良,很讨人喜欢。

师:一下子就抓住了文中的关键句!那么什么叫乖巧?什么叫驯良?

生:乖巧就是听话、讨人喜欢。

师:一看你就是一个乖巧的好孩子。

生:驯良就是驯服、善良的意思。

师:你用拆字法来理解词语,是个好办法。哪些自然段分别写出了松鼠的漂亮、乖巧、驯良?

(小结:漂亮,第1自然段;乖巧、驯良,第2～5自然段)

二、分类识记,书写生字

(出示要写的11个生字,观察归类,指导书写)

师:"驯、仁、橡、玲、珑、滑、恼、编、狭"都是左右结构的字。"鼠、惹、蔽"是上下结构的字,"鼠、蔽"要引导学生注意笔顺。"遮"是半包围结构的字。

师:接下来,我们要写一写"橡、编",哪位同学能提醒我们,要写好这两个字,应该注意什么?

生1:我觉得应该注意这两个字都是左窄右宽。

生2:我觉得还要注意这两个字都要穿插着书写的。

师:两位同学说得都非常专业,看起来我们班在书写上也是藏龙卧虎呀!那我偏向虎山行,我先来试着写一下,待会请龙啊,虎啊,再提点提点吧!

(师范写)

师:请问生龙活虎的在座各位,你们觉得有什么要点评的吗?

生:我觉得写得还行,两个字的结构都把握得比较好。

师:那你们也试着写写看吧!

(生书写)

三、细读体会,关注表达

(出示:它们面容清秀,眼睛闪闪发光,身体矫(jiǎo)健,四肢轻快。玲珑(lóng)的小面孔,衬上一条帽缨(yīng)形的美丽尾巴,显得格外漂亮。它们的尾巴老是翘起来,一直翘到头上,自己就躲在尾巴底下歇凉。它们常常直竖着身子坐着,像人们用手一样,用前爪往嘴里送东西吃。可以说,松鼠最不像四足兽了)

师:你从哪儿读出松鼠的漂亮了?

生1:松鼠面容清秀,让我感觉他长得像人一样!

师:帅气!

生2:松鼠身体矫健,四肢轻快,感觉像个运动员。

师:体形漂亮!

生3:我觉得松鼠最漂亮的是尾巴,大尾巴配上小面孔,很有型。

师:审美家,你的语言也很美。

师:作者写松鼠漂亮是很有顺序地描写的,你发现了没有?

生1:我发现作者是从上到下来描写的。

生2:我发现作者是从头到尾来介绍的。

师:一语中的。那么作者是通过怎样的方式将松鼠之美告诉我们的?

生1:我发现作者是把松鼠当成一个人来写的,用了拟人的方法。

师:(疑惑地问)哪里有拟人呢?

生1:面容清秀、身体矫(jiǎo)健、歇凉,这些词都是拟人的写法。

师:说得头头是道!除了用到拟人,还有别的方法吗?谁要补充呢?

生2：我发现作者还用了比喻的方法。

师：比如说——

生2：一条帽缨(yīng)形的美丽尾巴；它们常常直竖着身子坐着，像人们用手一样，这些都采用了比喻的写法。

师：请大家在这段话旁边加以批注：比喻、拟人。刚才两位同学说得太好了！

师：同学们，刚刚我们学过张姞民写的《太阳》，我们知道，那是一篇介绍事物的文章，今天我们学的《松鼠》也是这种类型的文章。比较一下，两篇文章在介绍某一事物的时候，有什么一样，什么不一样？

（出示文字：

张姞民《太阳》：太阳会发光，会发热，是个大火球。太阳的温度很高，表面温度有六千摄氏度，就是钢铁碰到它，也会变成气体。

布封《松鼠》：它们面容清秀，眼睛闪闪发光，身体矫(jiǎo)健，四肢轻快。玲珑(lóng)的小面孔，衬上一条帽缨(yīng)形的美丽尾巴，显得格外漂亮。它们的尾巴老是翘起来，一直翘到头上，自己就躲在尾巴底下歇凉。它们常常直竖着身子坐着，像人们用手一样，用前爪往嘴里送东西吃。可以说，松鼠最不像四足兽了。）

生1：相同点是都用了比喻的方式。

生2：不同点是《太阳》使用了列数字的方法介绍太阳；《松鼠》用比喻、拟人的方法，用生动优美的语言介绍松鼠。

师：思辨：两篇课文的介绍方法能不能换一换？为什么？写松鼠时，如果也这样说明，可以吗？

（出示文字：

松鼠体长17～26厘米，尾巴长15～21厘米。体毛灰色、腹面白色。食昆虫和鸟卵。年产仔2～3次，一般在4～6月产仔较多……）

生1：我觉得不可以，这样介绍松鼠就不有趣了。

生2：我也觉得不好，虽然这个数据让我们一看就明白，但是只是粗略地介绍了一下，至于松鼠面貌的细节，我们就不知道了。

生3：我觉得这样说明也可以，至少一目了然。

师：我们不急着下结论，等学完全文再回头思考这个问题。我们接着

再进入故事,了解松鼠,你从哪里读出了松鼠的"驯良""乖巧"?

(生交流,穿插松鼠视频、图像等直观介绍,并体会作者对松鼠的喜爱之情)

师:作者用什么方法把松鼠搭窝写清楚的?

生:作者用"先……再……然后……"来介绍的。

师:那你能仿照这一写法,说说"蚂蚁搬家、喜鹊筑巢、小鸡啄米"中的任意一个吗?

(PPT出示三张图片)

生1:蚂蚁先在四周搜寻合适的居住点,然后吸引别的蚂蚁跟着一起搬去它发现的巢穴,然后他们再开始成群结队地搬家。

师:介绍得头头是道。

生2:喜鹊先飞出窝,到处寻找合适的枝条,再把枝条按照椭圆形依次摆放在他们选定的位置上,又找一些带叶子的软枝进行装修,把巢穴弄得很妥帖,然后喜鹊就舒舒服服地住在里面享受生活了。

师:在你的介绍里,我读到了一只很懂得生活的喜鹊,真不错!

师:同桌之间互相介绍一下吧!

四、提炼写法,尝试改写

师:同学们,在学习中,我们感受到松鼠是一种漂亮的小动物,乖巧,驯良,很讨人喜欢。同是说明文,我们看到张姞民笔下的《太阳》,与布封笔下的《松鼠》,在写法上差别很大。学完全文,你能说说此时的想法吗?

思辨:两篇课文的介绍方法能不能换一换?为什么?

生1:我觉得不能换,因为《松鼠》这篇课文,不仅告诉我们松鼠的知识,还要让我们理解作者对松鼠的喜爱。

生2:如果只是用举例子、列数字、作比较来介绍松鼠,就感受不到布封对松鼠的喜爱之情了。

师小结:现在大家的观点很一致!张姞民的《太阳》多采用列数字、作比较等,语言表述严谨。布封的《松鼠》全文都是用比喻拟人的手法,语言活泼,在准确表达松鼠特点的基础上,又非常传神、形象、生动,既写出了松鼠的可爱,也写出了作者对松鼠的喜爱之情。说明一个事物的时候情感不一样,表达的方法也可以不一样。《松鼠》中这样的句子太多了,请再默读课文,找出传神描写表达作者喜爱之情的句子,读给大家听听。

生1:松鼠轻快极了,总是小跳着前进,有时也连蹦带跑。它们的爪子是那样锐利,动作是那样敏捷,一棵很光滑的高树,一忽儿就爬上去了。

生2:在清朗的夏夜,可以听到松鼠在树上跳着叫着,互相追逐。它们好像很怕强烈的日光,白天躲在窝里歇凉,晚上出来奔跑、玩耍、吃东西。

生3:松鼠搭窝的时候,先搬些小木片,错杂着放在一起,再用一些干苔藓编扎起来,然后把藓苔挤紧、踏平,使那建筑物足够宽敞、足够坚实。

……

师:如果将一篇充满诗情画意的散文改写成说明性的文章,会变得怎样呢?我们试着把《白鹭》改写成说明性文章,你会采用张岵民的写法,还是布封的写法?说明理由。

生1:我觉得应该选择用布封的写法。

生2:我也选择用布封的写法。因为用比喻、拟人能写出我们对白鹭的喜爱。

师:你们说得很有道理!你觉得把《白鹭》改写成说明性文章,有什么要提醒同学们的吗?

生1:我觉得环境描写可以少一些。

生2:我觉得可以多用比喻和拟人。

生3:我觉得要找到散文中的一些重要句子,介绍好白鹭的外形。

师:三位同学的建议特别好,尤其是最后一位同学,抓住了关键处。用说明文的方法,有条理地介绍好白鹭的外形,是我们修改的重点。那么,接下来我们试着修改一下吧!

(学生试着将《白鹭》改写成说明性文章,可查找资料)

(指一生读修改后的说明性文章《白鹭》)

师:听了他的文章之后,你有什么想说的吗?

生1:我觉得他改得基本可以,比喻和拟人都用得挺好的。

师:那能送他一些建议吗?

生1:我觉得他的语言太简洁了,可以稍微具体一些。

师:是的,我也有同感,不要吝啬形容词。还有谁要来点评一下?

生2:我觉得他的文章中可以加入一些作者对白鹭喜爱的句子,就像

《松鼠》里的一样。

生3：我觉得语言可以稍微幽默一些。

师：你们说得都有道理！同学们，听了他人的文章，又获取了这么多的建议，现在我们试着再次修改一下《白鹭》吧！

（学生二次作文）

师：现在，谁能来说说散文《白鹭》与说明性文章《白鹭》有什么不同吗？

生1：散文《白鹭》语言更美一些。说明性文章《白鹭》以介绍白鹭外形为主。

师：两者之间还是有很大的区别的。

生2：散文《白鹭》语言具体。相对来说，说明性文章《白鹭》语言简洁一些。

生3：说明性文章《白鹭》介绍白鹭外形的时候，得要很有条理才行。

师：你们观察得非常仔细，思考也很是到位。两者明显的区别之处已经被你们找到了！

五、拓展延伸，激发阅读兴趣

师：我们已经学习了两篇说明文：《太阳》用了打比方、举例子、作比较、列数字的方法把事物的特点介绍明白；《松鼠》用了拟人、比喻的手法把松鼠的特点介绍明白。两篇使用的方法不同，但是都把事物的特点准确表达出来。

师：《松鼠》选自于法国布封的《自然史》，这本书描述详细而科学，文笔又极其优美，有兴趣的同学可以找来好好阅读。

 点评

"比较":阅读教学的大"招"

周一贯

何夏寿老师把《松鼠》一课教学设计的特色归结为"有趣的松鼠"。有招的说明,确能得其要领。那么他教学这篇说明文的"招"是什么呢?笔者认为应该是比较。说到底,比较确实是阅读教学的大招。

所谓"比较阅读",是指在分析综合几个文本的基础上,借比较的思维过程而进行的一种积极主动的阅读。而传统的阅读教学,处于主流地位的是"接受阅读",即给予理解和接受读物(课文)的思想内容和表达方式为唯一目标。这样的阅读以教师的讲解分析为主,会让学生丧失作比较分析、综合归纳等积极思维碰撞的机会。

在本案例中,教师是如何实现引导学生展开比较阅读这一大招的,我们不妨作一分析品鉴。

一、出招:为比较作好充分的铺垫

上课伊始,教师先从回忆刚学过的课文《太阳》入手,重温课文的说明方法。在学生充分发言之后,归结出举例子、列数字、作比较等特点,这看起来是对说明文特点的回忆,似乎与出招没有多大关系,但其实是新课起步的关键所在。谁来说说你对松鼠的了解,并初读新课《松鼠》;在学习生字新词的同时,梳理课文告诉了我们关于松鼠的哪些知识;找出全文的中心句——"松鼠是一种漂亮的小动物,乖巧,驯良,很讨人喜欢"。所有这些要求不只是初读课文,读通课文之必要,更为开展比较阅读打下重要基础。"出招"应当就是整堂课"起、承、转、合"的"起",如果教师在开展比较阅读的过程中,没有率先明确意识和进行通盘规划,就很难找到引领深入展开比较阅读的这根"定海神针"。如此看来,在比较阅读中如何出招是关乎全局的重要谋略,自然不可等闲视之。

二、见招:细读《松鼠》,与《太阳》作深度比较

细读《松鼠》,不仅是新课教学的中心任务,也是教师使好"比较阅读"这一大招的重点所在。何老师以"你从哪儿读出了松鼠的漂亮"为话题,引导孩子畅所欲言,使课堂出现了交流对话的精彩高潮。这里教师的精要点拨,显然是起到了引领的重要作用。如"美少年一枚""运动的身体最漂亮""你是审美家,你的语言很美""高,确实高""作者用了半天的技巧,一下子就被你拆穿了""除了用拟人的方法外,还用了什么方法呢"等。

在本案中,教师以相同点和不同点进行分解梳理,也是启发学生开展深度比较的成功方略。因此,学生才能清晰地做出归纳:相同点,用了比喻的方法;不同点,《太阳》在比喻是个大火球时使用了列数字的方式,《松鼠》不一样,是以拟人化的比喻,用生动优美的语言来介绍的……

此时,教师进一步引导:那么两篇课文的介绍方法能不能换一换?为什么?写松鼠如果也这样说明,可以吗?这是把"比较"进一步推上了思维的高潮。教师趁机出示了一段介绍松鼠的文字,更使学生体会到不能互换,因为《松鼠》这篇课文不仅要告诉学生关于松鼠的知识,更要让他们感受到作者对松鼠的喜爱之情。如果只是用举例子、列数字,就无法表现作者对松鼠的喜爱之情了……

显然,这样的比较阅读过程包含了思维的感知、观察、记忆、理解、分析、综合、判断、想象和创造的全部活动。基于"比较"的阅读才是真正"走心"的阅读。

三、拆招、用招:改写散文《白鹭》的尝试

比较阅读的深化,"运用"也是不可忽视的环节,最理想的运用实效,当然莫过于让学生能尝试将散文改写成一篇说明性文章。当课堂教学推进到这个高点时,学生巴不得能够"小试牛刀"。所以何老师对这个环节的设计,可谓趁热打铁。改写对五年级学生来说,并非难事。从另一方面来看,教师出招、使招的目的,应当也是为了学生能够用招,何况教师在让学生用招时也做了功夫。如,你觉得把《白鹭》改写成说明性文章,有什么要提醒同学们的……走的还是"让学生自己教学自己"的教学之道。

第十五课　讲了千年再千年,牛郎织女又新颜

——统编教材五年级上册《牛郎织女》课堂实录

教学目标:

1. 认识"嫂"等生字。能根据课后习题,有速度地默读,概括课文主要内容。

2. 能根据课后要求,发挥想象,复述故事,并选择一处进行表演。

3. 结合课文学习,激发阅读民间故事的热情,感受优秀传统文化的魅力。

教学过程:

戏曲引入,揭示课题《牛郎织女》。

一、编剧说戏,感知大意

师:我从小喜欢看戏、听戏。我很想将《牛郎织女》排成一出戏,你们想不想玩?

牛:想。

师:感谢大家的积极配合。说说,你们想在这出戏里当什么?

生:当编剧。

生:当演员。

生:当导演。

师:看来同学们自己都能完成排戏了。(笑)这样,由你们承担编剧、演员,我来当导演,我们师生全力协作,共排一出戏!

生:好!

师:对了,排戏之前,必须要做好一门功课,那就是会读生字新词,否则一会儿正式演戏时,你总不能说,等一等,这句台词本演员还需要查查字典。

师:好了,我来检查检查你们,会读这些生字组成的词语吗?(重点是

"筛"和"罕"两字的读音。区分"筛"和"刷";"罕"重在据义定音)

师:接下来,我们就开始排戏了。排一出戏,首先要搞清楚这出戏讲了什么。各位编剧,你们能讲讲吗?其实要解此题,只要会看图说话就行。(出示文中插图)请你看着图,根据故事的起因、经过、结果讲一讲。

生:图上画着两个人,是牛郎和织女,除此之外,还有老牛。老牛做媒,让牛郎和织女结了婚。

师:没错,牛郎善待老牛,老牛为牛郎做媒,牛郎认识了织女,他们结为夫妻。

二、编剧编戏,直入重点

师:知道《白蛇传》吧?如果说《白蛇传》的主题是"蛇报恩",那么《牛郎织女》的主题就叫"牛报恩"。

作为导演,我认为这出戏有三场:第一场叫对牛谈心;第二场叫商量下凡;第三场叫结为夫妻。重点戏是前两场。

下面,请大家根据两场重点戏,再熟悉熟悉文本。提醒大家一下,第一场,主要段落是第1~4自然段,第二场,主要是第12~17自然段。请大家快速默读课文,完成后,我们开始交流。

(生默读,圈画)

师:好了,谁来讲一下,牛郎和老牛是怎样相处的?

(生讲,老牛跟牛郎很亲密,用温和的眼神看着他,有时候还伸出舌头舔舔他的手,老牛比牛郎的哥哥嫂嫂还要好。牛郎对老牛也非常好)

师:牛郎对老牛的好能具体说说吗?其实要说好这场戏,一定要找记故事的方法。回忆一下,我们学过哪些讲故事的方法(出示,根据图片,时间,事情的发展顺序……)看看哪一种方法比较合适?

生:找关键词。

师:没错,请大家圈画出你认为值得记的关键词。

(生圈画)

生:牛郎总是挑很好的草地,让老牛吃嫩嫩的青草。

师:老牛吃嫩草,还有吗?

生:牛郎让老牛喝干净的水,夏天还让老牛在树林里休息,冬天老牛就在山坡上晒太阳。夏天还为老牛赶牛虻,牛棚也打扫得干干净净。牛郎还唱歌给老牛听,把看见的、听见的讲给老牛听。

师:讲得真好。牛郎为什么要待老牛这样好呢?

生:一来呢,牛跟他很亲密,二来呢,牛勤勤恳恳地干活。

师:"一来呢,二来呢",你们发现民间故事的语言有什么特点?(口语化)没错,牛郎从吃喝睡及娱乐等方面照顾这个老牛。正因为这样,后来老牛就报恩了。老牛想:这孩子又善良又勤劳又懂事,是个好人。我要报答他。报答什么呢? 他不是尚未成家吗? 我要给他寻一门好亲事。羡慕吧?

生:羡慕!

师:谁来给我们讲讲牛郎和织女相识的故事? 这一次,我们要变换一种说法,简单地说说故事的内容。根据起因、经过、结果来说。

(生简单地复述故事)

三、编剧说戏,突出创意

师:各位编剧,大家有没有这种体会? 全部照搬书上讲故事,显得有点平淡。想不想把戏排得更生动、更具新鲜感呢?

生:想。

师:民间故事本就是老百姓自己编的,我们可以加上自己的创意,通过想象,让故事更加有趣。

师:如何开始呢? 我们就从这两处中任选一处(出示课后习题2:发挥想象把下面的情节说得更具体:牛郎常常把看见的、听见的事告诉老牛;仙女们商量瞒着王母娘娘去人间看看)。第一题,其实是对牛——

生:弹琴。

师:不是弹琴,是谈心,对牛谈心。所以除了写牛郎还得写老牛。有多少同学想挑战第一题?

(生举手,师示意先放下)

师:各位编剧,我们先来讨论一下,牛郎会从哪些方面与老牛谈心? 也就是说他会对老牛谈些什么?

生:从自己的家境说起。

生:从自己看到的事情说起。

师:大家想到的是联系上文,还可以联系故事后面来说。故事后面讲什么了?

生:老牛开口为牛郎介绍对象。

师:是的,这个也可以说。仙女们会商量些什么?也可联系上下文。(吃喝玩乐)对了,我让大家看一个片子,大家可以发挥想象,猜猜他们在商量什么?(播放视频)

(生商量)

四、演员演戏,突出创新

师:最为激动的时刻到来了,各位演员,现在我宣布:《牛郎织女》这出戏演出开始。第一场上演的是《对牛谈心》特写。

(选择一对同桌,分别扮作牛郎、老牛。师播放音乐)

牛郎生:老牛,我对你说,昨天我看到一块石头很像人,经我一问,那块石头竟真的是一个人变的。

老牛生:哦?还有这等奇事,你说来听听。

牛郎生:那人叫海力布,是个猎人,有一天他打猎时救下了一条小白蛇,那小白蛇竟是龙王的女儿。

老牛生:后来呢?

牛郎生:小白蛇为感谢猎人海力布的救命之恩,从父亲龙王那里要来一颗宝石。拥有这颗宝石,就能听懂各种鸟的语言。可是有个规矩,要是海力布泄露了这颗宝石从哪里来的,那他就要变成石头。

老牛生:还有这事啊?那后来呢?

牛郎生:有一次,海力布听鸟儿们在说,晚上大山要崩塌,山洪要淹没村庄,于是赶快对乡亲们说离开这里。

老牛生:那乡亲们信吗?

牛郎生:要是信了就好了。乡亲们根本不信,海力布只好说出了这颗宝石的真相。乡亲们一搬走,山崩了,地塌了,洪水淹没了村子。猎人海力布就这样变成一块石头,一直到今天。

老牛生:这个海力布,可真让人感动。

师:看到了石头,听到了关于石头的故事,都讲给老牛听。好巧妙啊!能发挥想象,讲细节,讲新意;(板贴:"添油加醋")如果能配上些动作,(相机板贴:"动手动脚")这样就更好了。还有谁愿意演一演?

(再请一组同桌)

牛郎生:老牛,我听人家说,村子里有个人最近娶了个媳妇。

老牛生:那媳妇漂亮吗?

牛郎生:太漂亮了,是天上的仙女。

老牛生:那这个人交了桃花运了。对了,你想不想也娶个仙女呢?

牛郎生:我可不敢奢求。

老牛生:等着吧,总有一天,我会让你美梦成真的。

牛郎生:你不要吹牛哦。

师:真会编故事啊。这个牛郎真是个人精。他先暗示老牛给他提亲,梦想也娶到仙女;然后激将老牛,不要吹牛。这么聪明的牛郎,不娶到仙女才怪呢。

师:下面我们来听听仙女们商量得怎么样了。我宣布:第二场《商量下凡》开始演出——

生:我们想先去花果山,看看那个孙猴子种的桃子熟了没,然后去游长城,还要去游长江。

师:或许,你可以这样开头:大仙女说我们去长城玩,二仙女说,对啊,先游长城,再去海南泡温泉,然后其他仙女怎么说……

生:三仙女说,不宜玩得太久,还是选一个地方比较保险。然后大仙女说,那我们就到青海湖洗个澡得了。

师:青海湖里洗澡,太有创意了。我宣布,你荣获最佳编剧奖!

(生鼓掌)

师:不过请你转告众位神仙姐姐,偶尔下凡来逛逛没关系,但要记得回去,我们只有一个地球,人太多了,再说,现在湖里也禁止洗澡了。

(大笑)

五、趣味结课,指向阅读

师:第三场戏是牛郎和织女结成了夫妻,他们夫妻双双把家还,路上唱着歌——《树上的鸟儿成双对》。

师:在大家的配合下,我们这出戏的排演很成功。感谢各位编剧,感谢各位演员,感谢各位观众。课堂小舞台,书本大剧院,大家课后可以再去找些民间故事,好好地读一读,演一演。民间故事就是这样的有趣好玩,精彩!谢谢大家。

  点评

提升深度阅读的张力

周一贯

深度阅读,从本质上说是一种超文本阅读,即在立足文本的基础上,通过前阅读体验的参与、比较和批判,推陈出新,达到对文本个性化认知的新水平。那么,深度阅读的张力是怎样从阅读课堂中产生的?本案例应当说是一个颇具研发价值的范例。这主要体现在以下四个方面。

一、从"文体分类"中定向

文体分类是相对的,古人云"大体须有,定体则无",颇有道理。本课文可以认为是"神话",也可以看作是"传说",当然也可以叫"民间故事"。若从"神话"的角度看,应是古代人们凭借超自然的想象和幻想,反映对世界起源、自然现象和社会生活的原始解读。牛郎织女虽然事关一种天文现象,但课文并没有太多涉及银河、鹊桥、牛郎星和织女星等,不宜从神话的角度读。若从"传说"看,"传说"大多是以历史上一定的人物、事件、地域为依据的。从这一点上看,课文似乎也并不明显。若从"民间故事"的角度说,神话故事、传说故事也可以在民间故事的范畴之内。现在,何夏寿老师要超越教材,不仅是"添油加醋"地复述故事,而且还要统整其他课文(如《猎人海力布》),故将其定位于"民间故事",无论就教材的编排意图,抑或是从本案实现"深度阅读"的需要来说,都是十分恰当的。这种在文体分类中的明确定向,对于提升本案例开发深度阅读的张力,具有决定性意义。

二、从"目标指向"中升格

《牛郎织女》是统编教材五年级的一篇课文。在笔者评点这堂课时还没有看到全册教材的整体安排,但从课案中可以发现本课教学的一个要求是"发挥想象,添油加醋地复述故事"。现在,何老师意图在这个要求实现的同时,能够升格为"编写剧本",并"选择一处进行表演"。显然,这是展开

"深度教学"的需要。何谓"深度教学"？北京师范大学郭华教授认为"深度教学是指在教师引领下，学生围绕具有挑战性的学习主题，全身心积极参与、体验成功、获得发展的有意义的学习过程"。本案将民间故事改编成部分的剧本予以发展，正是学生可以面对的"具有挑战性的学习主题"，而且在编剧的过程中，还可以让学生"全身心积极参与、体验成功、获得发展"。这也正是实现本案例"提升深度阅读的张力"之价值所在。由此看来，教师在实现目标指向上的这一"升格"，乃是全案例的点睛之笔。

三、从"实施策略"中激趣

让"编剧"这枯燥乏味的"苦差事"变为情趣盎然的创意活动，在本堂课中无疑是具有决定意义的一步。在这方面，教师的课堂教学设计力和审美力起到了十分重要的作用。教师以戏曲《天仙配》片段开场，又以黄梅戏"树上的鸟儿成双对"唱段结课，给学生以浓浓的戏曲熏染。中间，让学生分工当"编剧"、当"演员"或是当"导演"来品读课文，自是别开生面。然后，在重点部分又以老牛如何关心牛郎，让学生在读解课文的同时，统整其他课文或生活认知，读得格外地生动有趣。用"导演导戏"以直入重点，用"编剧说戏"以突出创意，最后又以"演员演戏"来"强化创新"，这样的安排，不仅让学生一直处在主体参与的地位，而且意趣横生，课堂里笑声不断，使阅读活动充满了快意创造。

四、从"教学对话"中拓深

高品质的教学对话，不仅是教师为推进深度教学必不可少的一种交流，而且是课堂提升张力的重要载体。赏析何老师的课，最难忘的是他的教学对话，平易近人而不失理性内核，灵动鲜活而尽展引导实效，风趣幽默而兼具赞美勉励。这实例比比皆是，笔者在这里因篇幅关系虽不能一一例举，但实在有必要提醒大家不忘品咂其中的真味。

第十六课 链接生活,因需择读

——统编教材六年级上册《故宫博物院》课堂实录

教学目标:

1. 能正确随文认读矗(chù)立、鳌(áo)头、金銮(luán)殿等字词,能运用联系上下文等方法了解词意。

2. 默读有一定的速度,能较熟练地运用"根据阅读目的,选用恰当的阅读方法"这一阅读策略。

3. 尝试在情景模拟讲解中,融入自己的情感、表达自己的看法。

教学过程:

一、情境导入,知悉任务

师:(播放歌曲《带你去旅行》)现在你们的思绪是不是随着歌声浪漫地周游各地去了?

生:是。

师:请你们回忆一下,外出旅游或者参观前,你们会准备什么。

生:我会到网上查询旅游地有什么好吃的。

生:我会向去过的人打听一下什么路线性价比最高。

师:用一个时髦话来说就是——

生:做——攻——略。

师:下次我去旅游之前,请你们帮我做做攻略,可不能收费哦!

(众笑)

师:做攻略啊,是带着一定的目的或者说任务的。用时髦话说叫"个性定制"。如果给你这样的两个任务(PPT 出示:◎为家人计划故宫一日游,画一张故宫参观路线图。◎选择一两个景点,游故宫的时候为家人作讲解），你会怎样阅读提供的材料呢？

二、阅读材料，梳理信息

师：请同学们先翻阅课文，说说有什么发现。

生：这篇课文由四则材料组成。

生：所有材料都与故宫博物院有关。

生：材料三和材料四都来自网络。

师：总之，和我们平常的课文不一样，对吗？是的，这两则材料属于非连续性文本，在以前的学习中我们也碰到过。但别忘了，我们可是带着任务来的，来，齐声读一读这两个任务。

生：为家人计划故宫一日游，画一张故宫参观路线图。选择一两个景点，游故宫的时候为家人作讲解。

师：请同学们拿出课前下发的作业纸，这是我们默读完四则材料后要完成的。看完表格内容后，请默读材料，争取7分钟左右读完。

（学生先默读，后自主填表）

师：同学们都进行了自主的默读和思考，交流也是一种学习。下面请同学们依据填写好的表格来交流讨论。

生：（投影作业纸并口头交流）材料一是文字加图片形式，我从中知道了故宫中的一些建筑及特点，我认为有助于完成任务2；材料二是以文字的形式，主要讲述了太和殿被烧掉以及重建的故事，我认为也有助于完成任务2。材料三、材料四都是图片形式的，分别让我知道了故宫参观的出入口和平面图，它们对于任务1的完成非常有帮助。

师：这位同学表达口齿清楚，思路清晰。其他同学还有不同的看法吗？

生：我去过故宫，如果仅凭材料三、材料四这两则材料规划路线的话，会觉得一天时间非常紧张，而且会使得一些重要景点没参观过瘾。

师：所以，你认为——

生：我认为，提前了解一些重点景点对时间的安排会更好。

师：所以，你认为——

生：（笑）我认为材料一对规划路线也非常有帮助。

师：你结合自己的生活经验给出了非常有价值的建议。谢谢你，攻略小能手！

生：我还觉得和不同的人去，参观路线也会设计得不一样的。

师：比如说——

生：比如说，和长辈会多去金碧辉煌的地方；如果和同学一起，就会去发生过很多故事的地方。

师："发生过很多故事的地方"听起来很吸引人，看来是你"定制"的，你的观点恰也是告诉参观路线需"个性定制"对吗？

生：（点头）是的。

师：当然，"定制"之前多读相关的故事是必要的。所以，你认为——

生：材料一、材料二也有助于完成任务1。

三、任务为导，整合运用

师：既然英雄所见略同，那么我们就以任务1为达成目标，请大家默读材料一，边读边圈一圈材料中写到了哪些故宫建筑，并为材料中具体介绍的建筑物打上五角星。

（生默读并注记）

师：请你来交流一下。

生：依次写了天安门、午门、太和门的三大殿、后三宫、御花园、神武门。其中三大殿介绍得最具体，五角星。

师：同学们赞同他的说法吗？

生：基本赞同。

师：好，那你也得五角星。

（众生笑）

师：刚刚英雄们所见略同的几个点，其实我们都能在材料四的平面图中从南向北依次看到。那这两则材料是否重复了呢？

生：材料一重点介绍了太和殿，而单看平面图看不出重点建筑。

师：请大家再仔细看看材料四，有没有更多的发现？

生：平面图的阴影部分标示了未开放区域，而材料一没有提到，这对规划参观路线也非常重要。

师：你关注到了图后的文字说明，这是非常重要的信息。图文结合，互相补充，这是我们阅读图表式非连续性文本的重要方法。谢谢你的提醒，让我们免吃"闭门羹"。请大家圈画一下文字说明以作提示。

（生圈画）

师：哪位攻略达人从中受到启发，来总结一下阅读运用不同信息时要怎么做更好？

生：我认为，不同材料侧重点有所不同，作用也各不相同。在完成任务的过程中，我们要将分散在各个材料中的有用信息整合起来，才能更好地完成任务。

师：你的回答很完美！让信息综合为我们所用！相信现在大家已能综合材料，为家人定制一日游的最合适线路了。请每位同学先在材料四中用箭头标一标你设计的参观路线，并在学习小组内简要交流一下这样设计的原因。

（生快速画完箭头后进行小组交流，师巡视）

师：老师走了一圈，发现设计路线对各位同学来说已是小菜一碟了，恭喜大家顺利晋级为攻略小达人。

（生鼓掌）

师：哈哈，你们可是全家的希望啊，做完了参观攻略，家人们还眼巴巴地盼你做小导游讲解呢！

生：有材料一、材料二，我们可不怕！

师：不错。我们不仅不怕，还要想方设法做得专业。大家想一想，你觉得导游用怎样的讲解方式比较能吸引人？

生：讲故事，而且讲得绘声绘色的。

生：口齿清楚，表情丰富的。

生：会与游客互动的，不照本宣科的，比较吸引人。

师：总结起来就是：口齿清楚、融入感情、有自己的观点。这就是你们的目标。当然，首要的是——

生：确定一个景点。

师：正解！先挑一个。你打算挑哪个？

生：太和殿。

师：这是两则材料最为具体介绍的地方，也是讲解的难点。你愿意挑战，老师支持你。请先在学习小组内分配好家庭角色进行模拟。

（生以学习小组为单位讨论并进行模拟；师巡视）

师:下面,我们邀请一个学习小组进行展示。有毛遂自荐的同学吗?好!请你们!

生1:大家好!我是一家之主——奶奶!

生2:我是爸爸!

生3:我是妈妈。

生4:我就是我!

(众生笑)

生4:(笑)我是今天的家庭免费讲解员。

师:开始吧!

生4:奶奶,您慢些!现在我们来到了故宫中最威严的一个殿,它叫太和殿,也叫金銮殿,是皇帝接受朝贺的地方。

生1(奶奶):孙子啊,什么叫朝贺啊?

生:朝贺就是在皇帝即位、生日、婚礼等这些重要的日子里,接受文武百官的跪拜。皇帝坐在龙椅上,殿外的白石台基上跪满了官员,中间御道两边是仪仗队,就像在电视里看到的那样,大殿的廊下,乐队演奏,可威严庄重了。

生3(妈妈):这个殿好高好大啊!

生4:可有28米高,2380多平方大呢!

生2(爸爸):这建筑真是令人叹为观止啊!

生4:现在我们看到的是康熙三十四至三十六年的时候重建好的太和殿。之前的18年,这里因火灾变成废墟。多亏了有个叫梁九的工匠呢!

生1(奶奶):我的孙子真聪明,知道的可真多啊!

(众生笑)

师:奶奶都这么点评孙子了,老师不得不出来表示一下了。同学们,你们评评看,这位孙辈小导游讲得怎么呀?

生:没有照着材料读,比较有讲的味道,挺好!

师:是的,他在讲解的时候已经融入了自己的理解,表达了自己的观点。

生:他还对数字记得特别准确,很不错。

师:的确,这是导游的基本功啊。当然,"爸爸、妈妈"这两个角色也很投入,对"儿子"的助攻让"儿子"有了更多展现才识的机会。如果对太和殿内外的布置和建筑能再多作一些介绍,"奶奶"就会更加笑逐颜开了。

(众生笑)

四、导向生活,综合运用

师:同学们,"达人",可不是一次成功就能获得的称谓。下周的社会活动时间,我们班级计划去自然博物馆开展参观学习活动。请同学们发挥今日课堂所得,课后浏览自然博物馆官网的介绍,以小组为单位制定一个参观路线,并请组员分工讲解。最后,大家投票评定攻略最佳路线和最佳导游,"达人"挑战等你来"战"哟!

 点评

以生活为依托,在统整中跨越

周一贯

这是一堂有相当难度的课,首先是课文包含了连续性文本和非连续性文本,而要求又须落实"根据阅读目的,选用恰当的阅读方法"这一比较重要的阅读策略。教者则要把阅读要求落实于具体的家庭旅游故宫博物院的攻略设计。如此众多的任务,如何进行有机整合?教师作教学设计的使命,无异在于找到一个最佳的"中介",以求实现在统整中的跨越。现在何夏寿老师以"链接生活,因需择读"作为基本理念,加以融通,无疑是智慧之举,也彰显了他灵动而强大的设计力。以下一些方面,正是他以生活为依托,在教学的统整中,实现了跨越的秘妙所在:

——以家庭旅游的"生活回忆"为切入点

在众多案例里,都可佐证何夏寿老师的开讲是特别具有亲和力的,他往往会从贴近儿童的生活入手,找到大家感兴趣的话题,一下子便拉近了教师与学生的距离,拉近了学习与生活的距离。上课伊始,先播放歌曲《带你去旅行》,唤起了学生对愉快旅游生活的向往与回忆。"外出旅游或参观前,你们会准备什么?"很自然地引出了"做旅游攻略"的话题,于是任务接踵而来:"为家人计划故宫一日游,画一张故宫参观路线图。选择一两个景点,游故宫的时候为家人作讲解。"这自然就激起了学生迫切需要读课文的情绪,以便为完成这样的任务做准备。

——以教材《故宫博物院》的"生活记录"为基本点

这篇课文的不同之处在于由四则材料组成。学生发现了这四则材料有两则是文字叙述,另两则是网络的截图。教师在引导学生自主阅读这四则材料之后,按教材的要求明确了两个任务:一是要为家人计划故宫一日游,二是要画一张故宫参观路线图。在这样的任务驱动下,学生自然会更

加认真地去阅读课文。教师下发的"学习单"推进了学生经历阅读策略的运作体验:根据不同的阅读目的选用不同的阅读材料和阅读方法。如课文展示的材料一是文字加图片的形式。材料二是文字讲述太和殿的故事,学生感觉到其会有助于完成任务1——画故宫参观路线图;材料三、材料四都是图片形式,为"故宫参观的出入口和平面图"。这虽然对完成任务2也有帮助,但对于完成任务1:整体计划"故宫一日游",会有更大的帮助。由此落实"根据阅读目的,选用恰当的阅读方法"这一阅读策略就自然地渗透在具体的阅读活动之中了。

——以解读不同文本组合的"生活阅读"为知识点

课文以不同文本的组合形式呈现,在当下已是生活阅读的常态。也就是说,在我们大量的日常生活阅读中,不仅有连续性文本,还有非连续性文本,而且后者的出现越来越多。所谓"非连续性文本",就是"与连续性文本形式不同,不是以句子为最小单位,需要不同于连续性文本的阅读策略的文本,也可看作是由表单构成的文本"。(陆璟《PISA如何测评阅读素养》)简单地说,非连续性文本也就是以数字、图表等为基本形态的文本。在《语文课程标准(2011版)》第三学段的阅读目标表述中,也有"阅读简单的非连续性文本,能从图文等组合材料中找出有价值的信息"这样的要求。所以,小学生不仅要有阅读连续性文本的能力和习惯,也要逐步培养阅读非连续性文本的能力和习惯。这应当是生活阅读的常态要求。本案例也正体现了这样的时代要求。

——以设计旅游攻略的"生活应用"为实践点

为家人假想"故宫博物院一日游"设计攻略,不仅是对深读课文的一项阅读训练,更是富于创意且又充满情趣的生活应用。这一环节的设计,把阅读材料的改变点化及阅读策略的实践运作和生活能力的培育锤炼综合起来,实现了在统整中的超越。如何着手设计旅游攻略?教师引导学生在深读课文材料上下功夫,对学生能关注到课文中图后的文字说明,予以特别表扬,同时又引导大家分辨不同材料的"侧重点有所不同,作用也各不相同",从而让同学们明白了必须将各个材料中的有用信息整合起来,为一日游故宫博物院的攻略所用,又在重点部分引入导游的讲说,并以学习小组共学共议的形式作讲解模拟。如此,以实践应用的要求反馈中推进学生的语文能力，是本案例教学中最精彩的部分所在——真正让语文学习回归于生活实践，确是可圈可点。

——以模式浏览故宫的"生活表演"为跨越点

本案例最后一个环节的推进真是妙笔生花。让一个小组的四位学生自荐来表演"快乐一家游故宫"：一位扮奶奶，是一家之主；一位扮爸爸；一位扮妈妈；一位扮孩子，孩子当免费导游员、讲解员。于是，在游览中，和谐快乐的一家人就这样同游共乐。其中有序的引导，老人的质疑，孙子的讲解，故事的穿插……都让表演精彩纷呈，师生乐不可支。

最后教师布置了下周的社会活动内容，班级计划去当地的自然博物馆开展参观学习活动，要求课后去浏览自然博物馆官网的介绍，以小组为单位制定一个参观路线，并请组员分工讲解。活动结束后评选出"攻略最佳路线"和"最佳导游"，更让全班孩子乐得嗨声一片。

于是从虚拟的生活又回到了真实的生活。

小小课堂同样体现了名人哲言："语文学习的外延与生活的外延相等"。

第十七课　当童话遇见戏剧

——自编儿童戏剧《小猫钓鱼》课堂实录

（二年级适用）

教学目标：

1. 初步感知儿童戏剧的文体特点，并依从文体续写剧本。

2. 通过续写、仿写、唱写等，提升学生的审美素养，感受剧本在戏剧表演中的重要意义。

3. 激发学生写作儿童戏剧的兴趣。

教学过程：

师：上课之前，我们来唱一首《小红帽》。（生齐唱）接下来这首歌，据说全中国的小朋友都会唱——《葫芦娃》。（播放该乐曲片段）我也要给大家唱一首歌。这首歌是咱们学校的校歌——"太阳光金亮亮，雄鸡唱三唱，花儿醒来了，鸟儿忙梳妆……"这首歌选自美术片《小猫钓鱼》，大家知道这个童话故事吗？

生：（齐）知道。

师：今年元旦，咱们学校要把这个故事变成一个戏剧，搬上舞台。那么，把一个童话变成一部戏，第一步要做什么？

生：写剧本。

师：哇，你太聪明了，一下子就说对了！

（生笑）

师：读书要有书本。演戏，也得有一个本子，这个本子就叫剧本。（PPT出示魔袋）悄悄地告诉你，在这个魔袋里，还真藏了一个剧本。大家喊个咒语，魔袋就会自动打开。我们一起喊：魔袋魔袋，变变变！

生：（齐）魔袋魔袋，变变变！

师:变出个剧本。我们一起来读读。

(生读剧本,内容如下)

猫妈妈 宝贝,今天天气真好啊,我们去河边钓鱼吧。

小　猫 好啊!好啊!

(猫妈妈从里屋取出钓鱼工具)

猫妈妈 走,我们出发!

小　猫 等一等,等一等,我还没拿小桶呢。(小猫返回拿小桶)

(小猫和妈妈一同来到小河边,开始钓鱼。一只蜻蜓飞来了——)

小　猫 好可爱的蜻蜓啊——

(唱)一只小蜻蜓

长着绿眼睛

翅膀亮晶晶

真像大明星

(小猫追蜻蜓)

小　猫 (蜻蜓飞走了)唉,蜻蜓飞了。鱼也没钓到。

猫妈妈 (唱)小宝贝,你听好

不贪玩来不要闹

不和蜻蜓做游戏

一心一意把鱼钓

小　猫 妈妈,我记住了。

师:读完了吗?剧本和童话讲的故事是一样的,只是长得不一样。剧本讲故事,其实形式更简单,只用三个方法,一种是这样的。(点击:猫妈妈说……小猫说……)这样你说一句,我说一句,叫什么?

生:对白。

师:是的。

师:这一种在括号里的,你们猜一下干什么用的?

生:表示动作的词。

师:没错,意思是让台上的演员做某个动作,这叫表演提示。

师:还有一种前面加个唱字的,叫什么呢?

生:歌词。

师:在歌里叫歌词,在戏里叫唱词。

师:大家都记住了吗?

生:记住啦!

师:我来考考大家,大家敢不敢?

生:(齐)敢!

师:好,我请这位青蛙王子。(一男生起立)如果他说对一个,我们就给他叫三声"喵喵喵",好不好?

(师逐一出示,该男生回答正确。学生一起夸赞"喵喵喵")

师:如果老师问你们会读剧本吗,大家心里肯定会想,这个问题太幼稚了,我们又不是一年级的小毛孩,当然会读了。但是,我要告诉你,读剧本不像读童话,不是人家写了什么就读什么。那要怎样读呢?读剧本时,要做到该读的大声读,不该读的,就不要读出来。你要是不该读的还读,那就会引来大灰狼的。(生笑,课堂气氛活跃)那么,这三种讲故事的方法中,哪些是要读出声音来呢?

(学生回答)

师:对了,对白和唱词是要读出来的,表演提示不用读。好,先请大家自由练一练。过一会儿,我请大家读一读。

(同桌对读)

师:下面我们分角色来读,谁做可爱的小猫?谁读猫妈妈?(生举手踊跃)那么多举手的啊!好咧,我们叫三声,喵喵喵,看谁叫得最起劲,就让谁来当这小猫。(生叫)吓死宝宝了,这哪是小猫叫,简直就是老虎吼了。好,就你吧——

师:猫妈妈谁来?一群啊!这只小猫真幸福,有这么多的猫妈妈。

(两个学生读剧本)

师:刚才我们读了对白和唱词。你发现,唱词读起来有怎样的感觉?

生:像诗歌一样押韵。

师:这个你也知道,太棒啦!我们再来读一读。

(生齐读)

师:唱词唱词,唱起来的词。要是唱起来会怎样呢?想听吗?(生点头)如果唱得好,叫三声,可以吗?

生:(齐)可以!

(师演唱小猫的唱词)

生:喵喵喵!

师:谢谢捧场。这个剧本完了没有?(生答"没有")对,还有呢!请大家好好读一读。(生读作业纸)你发现没有,这里还缺了什么?

生:小猫和蝴蝶玩的情节。

师:就是啊。没有这些,这个戏剧还是演不了。想请大家帮帮忙,把这个剧本写完,大家愿不愿意啊?

生:(齐)愿意。

师:太谢谢了!怎么写呢?(出示写作要求)我们在小猫和猫妈妈中任选其中一个,写四句唱词。有点难哦,怕不怕?(生答"不怕")这声音,要是让灰太狼听了,真会吓得发抖的。

师:谁愿意写小猫?(生举手)这么多啊,我们过会儿给写小猫捉蝴蝶的评"好猫奖";谁愿意写猫妈妈?(生举手)好有爱心。过会儿写得好的,我们送他"神猫奖"好了,写唱词比赛开始啦!过会儿,我们来看看谁写的唱词最棒。

(学生写作5分钟)

师:写作展示现在开始。请写好的起立。为节约时间,我们就从小猫队和妈妈队中各选一人。看看,是小猫能干还是猫妈妈有才。

(学生交流)

师:(评改其中一个)

一只小蝴蝶

长得真美丽

身穿红衣

跳舞好神奇

师:写得好!我帮你改改。身穿红衣加个字,身穿大红衣,这样再读读看。

生:一只小蝴蝶

长得真美丽

身穿大红衣

跳舞好神奇

师:感觉怎样?

生:更棒了!

师:下面我们来看看谁写猫妈妈?

(学生举手不多,才三个)

师:当妈妈就有困难了。(选择一生)好,我们就请这个男妈妈。大家来听听他的唱词。

生:小宝贝,不要玩

不要跑来不要闹

不和蝴蝶玩游戏

专心致志把鱼钓

师:这妈妈当得真好,每句话都是劝人一心一意钓鱼的。神猫奖归他,大家同意不同意?

生:(齐)同意。

师:那就叫三声。

(全体学生愉悦地"喵喵喵"表扬该男生)

师:这么好的唱词,要是唱起来,就变成真正的戏曲了。

(学生兴奋起来,课堂气氛活跃)

师:我们索性来演一演吧。谁来演小猫?(生踊跃举手)猫妈妈还是老师来当吧。

(播放音乐,师生对唱)

师:我们都是明星了!(学生欢欣一片)今天我们帮助老师学校的同学编了,叫什么来着(生答剧本),你还写了什么(生答"唱词"),而且还学会了一种戏曲,叫越剧。太感谢你们了。其实,大家可以把这个剧本,和同学一起去表演表演。你觉得好不好?

生:(齐)好!

师:妙不妙?

生:(齐)妙!

师:那就叫三声。

生:(齐)喵喵喵!

师:下课!

原文

第十七课　儿童戏剧《小猫钓鱼》

（夏天的一个早晨，森林里开着各种花朵）

猫妈妈　宝贝，今天天气真好啊，我们去河边钓鱼吧。

小　猫　好啊！好啊！

（猫妈妈从里屋取出钓鱼工具）

猫妈妈　走，我们出发！

小　猫　等一等，等一等，我还没拿小桶呢。（小猫返回拿小桶）

（小猫和妈妈一同来到小河边，开始钓鱼。一只蜻蜓飞来了——）

小　猫　好可爱的蜻蜓啊——

　　　　（唱）一只小蜻蜓

　　　　　　长着绿眼睛

　　　　　　翅膀亮晶晶

　　　　　　真像大明星

（小猫追蜻蜓，蜻蜓飞走了）

小　猫　（垂头丧气上场）唉，蜻蜓飞了。鱼也没钓到。

猫妈妈　（唱）小宝贝，你听好

　　　　　　不贪玩来不要闹

　　　　　　不和蜻蜓做游戏

　　　　　　一心一意把鱼钓

小　猫　妈妈，我记住了

（小猫认真钓鱼。蝴蝶飞来了，小猫去抓蝴蝶——）

……

 **点评**

如何让经典与经典相遇：一节值得深思的课

戏剧文学是四大文学体裁之一，无疑也是语文教学的重要内容。但是因为多方面的原因，戏剧一直徘徊在语文课程之外，未能融入校园文化。

2015年，著名特级教师何夏寿率先倡导将戏曲引入语文课堂。这一具有拓荒意义的行动，其影响正遍及全国各地。

2017年，中共中央办公厅、国务院办公厅公布了《关于实施中华优秀传统文化传承发展工程的意见》。其中再次提出戏曲教育的相关理念，这赋予了语文课程改革又一大重任——注重培育观众，这是戏曲进校园的一个重要前提。相较于成年人，小学生在接受传统戏曲时会有因年龄层差异带来的一些特殊性。基于此，深谙儿童教育之道的何夏寿老师便开始尝试自编儿童喜欢的童话越剧，并在课堂上作尝试研究。本案例的首要价值正在于此。

赏析这堂课的设计呈现，有不少成功之处可供借鉴：

一、大胆"跨界"：童话与越剧

童话是儿童的恩物，虽然不一定有多少戏剧性，但具有情节简明、结构清晰、内容真善美的特点。越剧是闻名全国的绍兴地方戏曲，生离死别的爱恨情仇是它的重要题材。这两者虽看起来风马牛不相及，但当越剧观众是儿童时，就成了"绝配"。现代社会创新发展的基础是"跨界"，看似不相干的事物，在"跨界"之后却可以开创出一派新天地。语文课改，一样也应具有跨界整合的现代思维方式。何夏寿大胆地将童话引进越剧，其跨界的思想基础是为了让孩子喜欢，也为了让越剧能够在校园里培育新的小观众。这种课程改革策略，让我们多方位地获得启迪：它不仅要奉行跨界创新的学理，更要遵循以生为本的信念。

二、注重文体：本色与运用

在语文戏剧教学中，一个十分重要的基础是文体的识别与认知。剧本这种艺术形式，有别于小说、散文和诗歌。在初读剧本之后，教师就着重凸显剧本与故事的区别,并且简洁地将其归纳成三个要素:一是说话人后面有他说的话,这叫"对白";二是写在括号里的,叫"表演提示",意思是让台上的演员做这个动作;三是前面加个"唱"字的,就是要唱出来的,叫"唱词"。同时,教师又用"连线"的操作,让学生体验戏剧文体的三个主要特点,并用多种读(自由读、同桌对读、分角色读)的方法,让学生在运用中巩固。显然,在语文的戏曲教学中,这是一个应当突破的难点。教师通过学生实践运用的通道,让学生获得真切的文本感受,在重点突破上做得十分缜密细致,确实可圈可点。

三、读写结合:吸纳与自编

从本课的全程中充分体现了读与写的多元结合,也是一个不可不说的亮点。从开头唱《小红帽》《葫芦娃》以及校歌,这样的导入并非闲笔,因为校歌正是电影美术片《小猫钓鱼》的插曲,而《小猫钓鱼》这一童话的作者就是当地的乡贤金近,而何夏寿正是金近小学的校长。如此安排,不仅极大地激起了学生的学习兴趣,而且一系列隐性的熏陶深藏其中。

在本课教学往深处推进时,教师又富有挑战性地安排了让学生自编小猫和蝴蝶玩的四句唱词。孩子们写过儿歌,现在又被剧情深深吸引,再加上还有了小猫与蜻蜓玩的唱词可资模仿,这样的训练应当是学生"可以跳一跳摘下的果子"。于是,在"写唱词比赛"的游戏场景中,学生积极参与并顺利完成了自编唱词的语文运用。

四、学演一体:认知与实践

语文的戏曲教学,无疑应当追求一种高位的学习实践活动。如果是传统的地方戏曲,让小学生演出当然十分困难,当堂表演更是难上加难。但童话戏曲就不一样了,由于它为孩子所喜欢、所熟识,加上情节明朗简约,当堂表演就成了可能。本案例正是这样做的,在课堂上学演一体呈现,就仿佛瓜熟蒂落、水到渠成。这使学习实践达到了新的高度,不能不说是本堂课的一个根本性又具创造性的突破,而成为童话越剧课堂的一大优势和特色。

放眼当下时代,已由农耕文明时代、工业文明时代进入到了审美文明时代。正是从这个角度审视,童话戏曲课的拓荒不仅是课程改革创新价值的体现,更是语文审美时代意义的提升。

第十八课　读你，来自梨园的语文

——《梁山伯与祝英台之草桥结拜》戏曲剧本教学实录

（五年级适用）

教学目标：

1. 能读懂剧本内容，初步感知戏曲剧本及唱词的艺术特点。
2. 通过读剧本写剧本的实践活动，初步培养学生学写剧本的能力。
3. 培养学生对民间戏曲、乡土文化的热爱，提升民族自豪感。

教学重点：

了解戏曲剧本的文体特点，初步尝试读、写剧本。

教学过程：

一、兴趣导入，引出课题

师：大家都喜欢听故事吧？故事可以读，可以讲，还可以唱，可以演。有好多好多故事，被多才多艺的民间艺人改成了地方戏曲，搬上了舞台。下面，我先请大家来看戏——

（播放戏剧视频1）

生：这是《三打白骨精》。

师：没错，这是绍兴的地方戏——绍剧《孙悟空三打白骨精》。

（播放戏剧视频2）

生：我知道：《牛郎织女》。

师：这是安徽的地方戏《牛郎织女》。

师：接下来，我要自豪地向大家介绍一出我家乡上虞的戏——

（播放视频）

师：(随视频演唱)

上虞县,祝家庄,玉水河边。

有一位,祝英台,秀丽聪明。

师：这是一出名戏。谁知道这出戏的名字？(生回答)(出示越剧海报《梁山伯与祝英台》)是的,祝英台就是我老乡。

二、再读剧本,理解词句

师：戏剧是怎么来的呢？是不是给一个故事,演员就能演戏了？——读书要有课本,好照着读;演戏也要有个本子,好照着演。这个能让人照着演的本子就叫——剧本。剧本是什么样的呢？我们一起来读读《梁山伯与祝英台》中一场戏的剧本。

(课件出示：第二场草桥结拜)

师："场"是什么意思？跟"幕"差不多。"场"就是场面、场景。戏曲大多在舞台上演出,为了方便布置布景,编剧会根据故事发生的地点和景物不同,将一出戏分成几个场次。我们今天学的就是《梁山伯与祝英台》中的第二场。从标题中可以看到,这个故事就发生在——

生：草桥。

师：大家已经预习过了,再快速浏览一下,看看还有哪些不懂的句子、难理解的词语。

(生默读《草桥结拜》)

师：这个剧本年纪有点大了,有些词句现在已经不大使用,理解起来有点困难。大家来交流一下,你碰到了哪些不理解的词语或句子。

生："作揖"的意思我不懂。

师：谁来帮助回答？

生：行礼的意思。

师：很好。

生："撮土为香"是什么意思？

师：有同学知道吗？

生：把泥土聚拢到一起,表示香炉。

师：你知道的真多。没有了吗？老师想问问大家几个。(投影出示：这厢)这个意思大家懂吗？(生无语)"这厢"是这里的意思。(投影出示：二八)谁知道"二八"的意思?

生:"二八"是十六岁的意思。

师:是的,千万不要误解成为二十八。那祝英台就不是小姐,是老姐姐了。(生笑)

师:我们知道,戏曲也是讲故事的,这个剧本讲了什么故事?

生:讲梁山伯和祝英台在去杭城上学的路上结拜兄弟。

三、研读剧本,关注形式

师:概括得言简意赅!我们曾经学过一个剧本,叫《半截蜡烛》,知道剧本和我们熟悉的记叙文在讲故事的形式上很不一样。比如说(出示《草桥结拜》片段——梁山伯:不妨撮土为香。请问祝仁兄今年……)这种角色与角色之间你讲一句、我讲一句的讲述方法叫什么?

生:对话。

师:对话是小名,在戏曲里大名应该叫对白。(出示:旅途之中未带香烛,这便如何是好?)这又叫什么?(生无语)这叫独白,是角色在自言自语。

〔出示:(祝英台学梁山伯的动作而拜)〕

师:这种加括号的叫什么?

生:这是表演提示。

师:是的,提示演员如何表演。(出示:——灯渐暗幕落)这又是什么呢?

生:舞台说明。

师:好棒,连这个也知道。(出示唱词)这叫什么?

生:唱词。

师:是的,唱词是戏曲的身份证,是戏曲剧本区别于话剧剧本的主要特征。——戏曲剧本就是由对白、唱词、表演提示和舞台说明四方面组成的。

师:会读剧本吗?(生:会)读剧本不像读记叙文,看到什么就要大声地读什么。读剧本,该读的,要读得声情并茂;不该读的,就不要读出声来。根据你的经验,谁来说说,哪些是该读的,哪些是不该读的?

生:对白和唱词要读的,提示和说明不用读。

师:有经验!好,下面我们请两个同学分别扮作祝英台、梁山伯,来读读这个剧本片段。(向一生走去)你的笑像磁铁一样,吸引着我把话筒交给你。你愿意读谁?(生:梁山伯)你大概是"梁粉",梁山伯的粉丝。那么,请你选个祝英台吧!(学生自己选了一个)好,梁山伯和祝英台都到位了,可以开始读了吗?

(学生读片段)

祝英台:哦!(想了一想)(唱)多承仁兄不见弃,金兰结拜为兄弟,从此读书有良伴,小弟哪有不愿意?(白)旅途之中未带香烛,这便如何是好?梁山伯:不妨撮土为香。请问祝仁兄今年⋯⋯祝英台:二八。梁山伯:我今年已是一十七岁了。祝英台:有道长者为兄,幼者为弟。梁山伯:如此你我对天一拜。

祝英台:对天一拜。(祝英台学梁山伯的动作而拜)梁山伯:贤弟请上,受愚兄一拜。祝英台:小弟也有一拜。(两人携手)——灯渐暗幕落。)

师:你拜我,我拜你,我估计他们俩在竞争礼仪标兵。(生笑)你们俩读得自然流畅、绘声绘色,点赞!——读戏曲剧本,其实就是读对白和唱词。不过,唱词不是用来读的,是用来唱的。戏曲里,最主要的话,最重要的内容,往往是写成唱词唱出来的。今天我们学的这个片段里,有一段非常有名的唱词,用来表现祝英台的聪明机智。你说是哪一段?

生:我家有个小九妹。

师:(投影出示)

祝英台:哦,仁兄有所不知。唱:我家有个小九妹,聪明伶俐人钦佩。描龙绣凤称能手,琴棋书画件件会。此番求学到杭城,九妹一心想同来,我以为男儿固须经书读,女孩读书也应该,只怪爹爹太固执,终于留下小九妹。

师:这是戏曲名段。我估计你爷爷唱过,奶奶演过,你爸爸听过,妈妈学过。现在,就请你自由地读一读吧。(学生读)

师:这段唱词在讲谁?(生:小九妹)其实小九妹就是祝英台。这是祝英台在梁山伯面前,为了掩饰自己的女儿身份,随机编出来的一个人物,有点玩笑性质,我们要读得轻快、活泼、好玩点。这样吧,我们一起来读读。我读一句,你读一句,这样反复,一直到读完。准备好了吗?(生点头)

师:刚才我们是怎么断句的?——前四后三。整段唱词基本上都是这样,像唱歌一样,一句话里有几个拍子。读起来有一种什么感觉?

生:很有节奏。

师:除了节奏,你还听出唱词有什么特点?

生:尾字押韵,朗朗上口。

师:没错。唱词是歌谣的一种,非常讲究押韵。有时候为了押韵,要打破常规,对词句作前后调整。比如说这个句子里——(出示)

梁山伯:妙哉高论,妙哉高论!

(唱)仁兄宏论令人敬,志同道合称我心。男女同是父母生,女孩读书也该应!

师:习惯上我们常说"应该",在这里调换了位置,变成"该应"。为什么?——是的,为了押韵。

师:下面我们请全体女生做小九妹,来读读这段唱词。男生也别闲着,我们来做小九哥,用手打拍子,为小九妹们伴奏,一起来感受一下唱词有板有眼的节奏感、朗朗上口的音乐感。

四、迁移方法,学写唱词

师:通过刚才的学习,我们已经知道了戏曲剧本的主要表达特点,明白了唱词在戏曲中"大哥大"地位。在咱们家乡美丽的杭州,还有一个动人的民间传说。(出示:《白蛇传》海报)我相信大家都非常熟悉这个故事。

(出示《白蛇传》故事片段——

许仙吓得全身发抖,结结巴巴地说:"娘子! 娘子,莫非你真是……"白蛇见事到如今,再也不便隐瞒,歉意地说:"是我隐瞒你了。"许仙说:"那你为什么不早与我讲明?"白蛇说:"非是我不把真情吐,只怕你胆小要受惊。"许仙想起白蛇平时对自己的千般好,而自己竟不辨恩怨,听信法海,不觉悔恨相加,大喊:"娘子——"

法海用雷峰宝塔将白蛇镇了起来。生离死别之际,白蛇痛苦万分,将真相告诉了许仙:"为妻是,千年白蛇在峨眉山修行。因为羡慕红尘,远离洞府来到了杭州。那一天,我们初次相见,风雨同舟,感情深厚。我请人做媒,西湖边点起花烛,我们结为鸾俦(luán chóu)。我以为,从此后我们夫唱妇随定能共度百年。但我万万没有料到,这满天的孽海风波令我情难以酬。")

(生浏览故事)

师：现在，我请同学们学做一回编剧，将故事改写成戏曲剧本。这个片段共两个小节。为节约时间，咱们只将第二小节的内容改写成唱词。这段话一共有六句话，我已写好了第一句，大家一起读读！

（生读：为妻是，千年白蛇峨眉修。）

师：这句唱词几个字？

生：十个字。

师：戏曲中非常有名的十字句。请大家按照"前三后七"的句式，写出其他六句唱词。写一句得一星，最高是五星，当然这是自评分。五分钟后，我们进行评比，评出本年度咱们班最佳编剧。

（学生改写）

师：下面我请三位同学上台朗读他们创作的唱词，掌声鼓励一下！

（三位学生分别是写了三句、四句、五句的。先请写三句的交流。）

师：别不好意思，写三句已经了不起了。人家大诗人说两句三年得，你是三句五分钟，超过诗人了。

生：因羡慕，远离洞府来杭州。

初次见，风雨同舟感情深。

请托媒，点起烛结为鸾俦。

师：好的，谢谢你！我把你的大作放到投影上了。下面我们掌声有请这位写四句的同学，听听他为我们带来的精彩。

生：慕红尘，远离洞府来杭州。

那一天，初次相见感情深。

我托媒，西湖点烛结鸾俦。

我以为，夫唱妇随度百年。

师：谢谢你！我也把你的大作放到投影上。下面是写五句的这位男生，看看他为我们带来怎样的精彩。

生：慕红尘，远离洞府来杭州。

初相见，风雨同舟感情深。

请托媒，西湖花烛结鸾俦。

我以为，夫唱妇随度百年。

没想到，满天风波情难酬。

师:好的。(将学生习作放到投影上)三位剧作家的作品都在我们眼前了,我请各位同学担任评委,一句一句来欣赏评析一下。第一句,大家认为哪个同学的最好?

生:差不多。

师:我觉得也差不多,但这位同学的字写得漂亮。请你用红笔将自己的唱词圈出来,表示这一句你是冠军。

师:第二句,谁的好?

生:第三个好一点,因为他的比较书面化。

师:好,就照你说的。请写五句的这位同学将自己的佳句圈出来。

师:第三句呢?

生:"我托媒,西湖点烛结鸾俦"这句好一点。他讲清楚了是谁托的媒,其他两位没说清。

师:有道理,请写四句的这位同学将这句圈出来。

师:现在只剩下两位同学比较,大家说哪位的好点?

生:第四句大家一样,第五句只他一个人了,当然是写五句的同学好一点。

师:下面我宣布,写三句和写四句的同学获得优秀创作奖;这位写五句的,获最佳编剧奖。我们用掌声欢送他们回到自己座位上去。(拉住写完五句的男生)你等等。

师:你好了不起啊!你写的唱词字数相等,匀称美;抑扬顿挫,节奏美;韵味十足,音乐美。祝贺你成为五星级编剧!(生鼓掌)

师:这么精彩的唱词,我们给它谱上戏曲曲调演唱,就变成真正的戏曲了。你们会吗?都不会啊!看起来我只能自告奋勇了。不过请刚才这位五星级大编剧提醒我一下,这个唱词要唱出怎样的感情来?

生:要忧伤点,痛苦点。

师:哦,我知道了。从现在起我就不能笑了,你们也不要笑。要不我们就不是白蛇而是毒蛇了。这样吧,来点音乐,帮助我们进入情景。(播放伴奏音乐,老师以学生写的唱词现场填词演唱。全场鼓掌)

[结课]

师:今天我们阅读了戏曲剧本,也创作了戏曲剧本,觉得有意思吗?——民间戏曲是我们祖先留给我们的一笔丰厚的文化遗产。

大家可能看过——出示:黄梅戏《牛郎织女》,越剧《柳毅传书》,昆曲《牡丹亭》,京剧《狸猫换太子》《程婴救孤》《荆轲刺秦》等海报。

民间戏曲是一本好大好厚的书,值得我们好好地去阅读,去传唱。好了,剧终了,我们用越剧的方式告个别吧!(越剧念白"这厢有礼")"这厢——告辞了!"

生:这厢告辞!

 **原文**

《白蛇传》故事(片段)

许仙吓得全身发抖,结结巴巴地说:"娘子!娘子,莫非你真是……"。白蛇见事到如今,再也不便隐瞒,歉意地说:"是我隐瞒你了。"许仙说:"那你为什么早不与我讲明?"白蛇说:"非是我不把真情吐,只怕你胆小要受惊。"许仙想起白蛇平时对自己的千般好,而自己竟不辨恩怨,听信法海,不觉悔恨相加,大喊:"娘子——" (此段改成对白)

法海用雷峰宝塔将白蛇镇了起来。生离死别之际,白蛇痛苦万分,将真相告诉了许仙:"为妻是千年白蛇在峨眉山修行;因为羡慕红尘,所以远离洞府来到了杭州。那一天,我们初次相见,风雨同舟,感情深厚;我请人托媒,西湖边点起花烛,我们结为鸾俦(luán chóu,夫妻的意思)。我以为,从此后我们夫唱妇随定能共度百年;但万万没有料到,这满天的孽海风波令我情难以酬。"(此段改成唱词)

《白蛇传》剧本(片段)

编剧_____ 星级_____

许　仙:(全身发抖)娘子!娘子,莫非你真是……

白　蛇:是我隐瞒你了。

_____

_____

白　蛇:

(唱)为妻是,千年白蛇峨眉修

_____

```
                              ★★
                              ★★★
                              ★★★★
                              ★★★★★
```

第二场　草桥结拜

角色：

梁山伯

祝英台

四九——梁山伯的书童

银心——祝英台的婢女

（地点：草桥边）

（祝英台和银心休息在亭内，梁山伯上和四九挑书担行囊随后上）

四　九：相公，亭内有人。

梁山伯：哦，看他们也是行旅模样，说不定也是读书去的。

（梁山伯入亭，对祝英台作揖）

梁山伯：仁兄请了，小弟有礼。

祝英台：这厢还礼。

梁山伯：请教仁兄尊姓大名？府居何处？

祝英台：小弟姓祝名英台，乃是上虞祝家村人氏。敢问仁兄是？

梁山伯：会稽梁山伯。

祝英台：梁仁兄敢是去杭城读书？

梁山伯：正是。请问你呢？

祝英台：小弟也去杭城访师求学。

梁山伯：好极！好极！请坐。（四九、银心走近谈天）

四　九：嗳，你们是到哪里去的？

银　心：到杭城去读书。

四　九：我们也是到杭城去读书。

银　心：巧极了。(走向祝英台,脱口而出)小姐……

祝英台：(急掩饰)小姐好端端在家,你提她作甚?

银　心：噢……我想小姐要是能一同出来读书那就好了。

祝英台：是啊。

梁山伯：敢问兄台……莫非……

祝英台：哦,仁兄有所不知。

　　唱：我家有个小九妹,聪明伶俐人钦佩。
　　　　描龙绣凤称能手,琴棋书画件件会。
　　　　此番杭城求名师,九妹一心想同来。
　　　　我以为男儿固须经书读,女孩读书也应该。
　　　　只怪爹爹太固执,终于留下小九妹。

梁山伯：妙哉高论,妙哉高论!

　　唱：仁兄宏论令人敬,志同道合称我心。
　　　　男女同是父母生,女孩儿读书也该应!

祝英台：承兄夸奖,岂敢,岂敢!

　　唱：我只道天下男子一般样,难得他也为女子抱不平。

梁山伯：(唱)像这般良朋益友世间少,我有心与他结为兄弟盟。
　　　　(白)祝仁兄,小弟有言,只是难以启齿。

祝英台：有何见教? 无不从命。

梁山伯：如此直言了。

　　唱：想山伯无兄又无弟,亦无妹来亦无姐。
　　　　有缘千里来相会,得遇仁兄心欢喜,
　　　　意欲与你两结拜,未知仁兄可愿意?

祝英台：哦!（想了一想）

　　唱：多承仁兄不见弃,金兰结义为兄弟,
　　　　从此读书有良伴,小弟哪有不愿意?

　　唱：旅途之中未带香烛,这便如何是好?

梁山伯：不妨撮土为香。请问祝仁兄今年……

祝英台：二八。

梁山伯：我今年已是一十七岁了。

祝英台：有道长者为兄，幼者为弟。

梁山伯：如此你我对天一拜。

祝英台：对天一拜。（祝英台学梁山伯的动作而拜）

梁山伯：贤弟请上，受愚兄一拜。

祝英台：小弟也有一拜。（两人携手）

 **点评**

民间戏曲：一门新课程开发的成功样本

周一贯

2014年3月，教育部印发《关于全面深化课堂改革落实立德树人根本任务的意见》，提出了培养学生"核心素养"，即为学生终身发展和社会发展所需的必备品格和关键能力。这就为课程改革的深化发展，指明了前行的航向，确立了前进的灯塔。同年11月13日下午，著名特级教师何夏寿的一堂民间戏曲课，引爆了"千课万人"有三千多位教师参与的小学语文"新常态"课堂观摩会会场。因为人们惊喜地发现这才是一个新课程开发的成功样本。

何夏寿老师有志于小学语文"民间文学课程开发"，已为之奋斗了好几年。他的"民间歌谣课"曾执教于大江南北，获得过如潮的好评。接着，他又开发了"民间童话课""民间故事课"，同样获得了很大的成功。这次，推出的"民间戏曲课"又令师生倾倒。在之后的"课改"征程上，他还将有"民间谜语""民间谚语"等多种多样的尝试，力求小学语文民间文学课程的系列化、完整化。显然，这将为小学语文界提供一个很具价值的新课程开发样本。

小学语文民间文学课程的设计理念是精准且前卫的。首先，它诞生于我国城市化运动的进程之中。人们进入城市生活，重要的一条是必须让他们看得见山，望得见水，记得住乡愁。民间文学总是与"乡愁"特别紧密地连接在一起。小学语文民间文学课程的开发，可以让我们的后代永远不忘乡愁，不至于淡化了乡土情怀。另一方面，乡土又是童年最宝贵的记忆，而民间文学本来就是儿童的恩物，每个生命呱呱坠地之后最早听到的便是母亲的摇篮曲，祖辈为他们千百遍唱过的儿童歌谣，讲过的儿童故事，这些文学恩物从此在孩子的心中播下一生受用的种子。同时，文学历来又是语文课程重要的组成部分,而民间文化更是文学大家族中最贴近儿童心灵的部分。所以,无论从哪一方面看,民间文学都应当是小学语文家族中最重要的成员。

何夏寿老师的"民间戏曲课"无疑是其民间文学课程中十分亮丽的风景线。这是因为它在当下课程开发扑朔迷离的情势下,有着特别的引领意义和教学价值:

一、为课程意识定性定量

拓展性课程的开发首先在于对课程意识要有合适的定性和定量。所谓定性,就是课程的构建必须紧紧抓住提高学生核心素养这个育人主轴,不可徒求形式而任选内容。民间戏曲课程的开开不是以单一的娱乐活动去博得孩子们开心,而是关乎记住乡愁,提升童年情怀的大事。这无疑与学生核心素养的培育有着根本的联系。所谓定量,就是对民间戏曲丰富内容的选择,需从各地的乡土实际出发。显然,正是出于这样的考虑,何夏寿首选本地的越剧,而且挑选了家乡上虞的《梁山伯与祝英台》以及施教地区杭州的《白蛇传》。正是这些戏曲,儿童自幼耳濡目染,自然对他们的人生有着特别的意义。

二、为文本阅读定质定序

民间文学课程的建构首先是作为语文的拓展课程而设计的。文本的阅读是语文教学中的主流教学活动,所以何夏寿在课程内容的安排上,牢牢抓住了本节选的戏曲剧本作为阅读文本,从而从根本上保证了民间戏曲课的教学本体。同时,为了保证戏曲剧本阅读能力的提升,教师严格规定了科学的教学程序:一是组织学生讨论解决剧本中的难解词语,如"这厢有礼""妙哉高论""二八"等;二是让学生认识剧本这类体裁的特点,如"对白""独白""场""唱词""提示"等;三是让学生反复自读、对读剧本的节选部分,在读中理解和感悟……所有这些,都精确瞄准了学生对戏曲剧本的认识理解,提示阅读感受这个基本点。

三、为语用功能定向定效

根据语文课程的性质,是学习语言文字运用的指向,在何夏寿老师的课堂里,虽然是民间戏曲课,也一样注重于语用。这里除识字学词、朗读理解、体裁认识之外,还安排了学生尝试戏曲创作改编唱词的写作应用。这是一种非常典型的以学为中心的助学教学设计,实现了对剧本读、写并用的全方位训练,为语文课程语用功能的学习确定了方向、保证了成效。这是十分重要的一环,使"语文课程标准"在语文课程的拓展性设计中不失其定向、定效的功能。

四、为戏曲特色定位定效

戏剧作为文学的重要表现形式,融入语文教育的不是新事,只是近年来有所淡化。2015年9月《关于全面加强和改进学校美育工作的意见》就明确要求"充分发挥语文、历史等人文学科的美育功能",让戏剧、戏曲进校园、进课程。在民间戏曲新课程的开发中,教师既关注语文课程应有属性的保证落实,但又能不丢失戏曲特色,以培养儿童对民间戏曲的审美能力和学习兴趣。何夏寿老师以其圆润的唱腔和抑扬的音调两次示范演唱,唤醒了儿童对民间戏曲或浅或深的记忆,重燃对民间戏曲的激情。特别是第二次演唱,教师定点在学生创编的一段十字句唱词中,既体现了对儿童创编歌词的鼓励,同时也在接近课堂尾声时把民间戏曲课堂的教学推向了高潮,一次又一次激起了全场如潮的掌声。

语文课程具有多重功能,涉及丰富的内容和多方面的目标。而在传说的语文教学疆域里,不难发现,我们往往只抓住了与应试相关的部分而疏忽了其他方面。蔡元培曾经说过:"知教育者,与其守成法,毋宁尚自然;与其求划一,毋宁展个性。"让语文课程回归自然、连通生活、展示个性,就不能没有民间文学,就不可缺失了民间戏曲这个童年恩物。它是人生永远的风景,定格在我们每个人记忆的时空坐标里,现在该是让它们回家的时候了。

后　记

优课：教学"设计力"与"生成力"的裂变

周一贯

　　我听过何夏寿老师不少的语文课，其"灵动"与"得体"给我留下了深刻的印象。教师优课创作的机理往往会有一种"黑箱"效应，这就是很难让人一下子识透它的秘妙所在，即使有所感受，也是只可意会，不可言传。然而，在教学研究的语境里，我们的认识又不能停留在这种扑朔迷离的状态，总是想破译其中的密码，把它明白清晰地表达出来，使名师优课的秘籍，能被更多老师分享。

　　我觉得何夏寿老师的课堂，其"灵动"与"得体"，当源于他的"设计力"和"生成力"。课堂教学的主体无疑是学生，但主导者还是教师，这就离不开教师对课堂教学的设计力。为了达到预期的教学目标，就必须运用系统的观点和方法，遵循教学的基本规律，对教学过程作系统的规划安排。这就是"教学设计"。至于"教学设计力"的"力"，本属物理学名词，现在已泛指凡能改变物体静止或匀速直线运动状态，或使物体发生形变的作用都称为"力"。"力"具有大小、方向和作用点三个要素，由于要素之间相互作用的方式不同，"力"会呈现出各种不同的形态。"课堂教学设计"之"力"的大小、方向和作用不同，在改变课堂教学运用的方式、状态和效益上也就会结果迥异，从而决定着课堂教学质量与效益的高下优劣。如何夏寿老师在执教三年级上册的《古诗三首》时，借助图片的媒介，将《饮湖上初晴后雨》与《望洞庭》两首诗安排在一起作比较阅读，这一设计就取得了很好的效果。教师在引导学生观赏图片、对照读诗里，辅以启发："西子"是谁？"白银盘"在哪里？"青螺"在哪里？哪一幅图片是"山色空蒙"之景？哪一幅图片是"水光潋滟"之景？……在充分理解了诗情画意的基础上，再让学生归纳两首诗有哪些相似点，又有哪些不同点。在讨论中，学生自然就感受到诗人

用不同的方式写湖景,用相似的比喻手法赞湖景,在相似的比喻中又有所不同……这样把两首诗合在一起读,为"比较阅读"营造了一个极佳空间。而这样的比较,不仅大大激发了学生的自学动力,推进了思维碰撞,而且也精炼了教学过程,提高了课堂教学效率。这不能不认为是教师"教学设计力"的功劳。

当然,"教学设计"免不了是教师主观筹划的产品,当设计方案在课堂推行的时候,是否适合学情则是另一个关键。所以,教师的"设计"必然还面临着是否适合学生的"学情"这一基本问题。"教学设计"本来就是一个"预案",所以,教师在课堂上必须按学情来灵活调遣,生成适合每个学生的教学过程。这就呼唤优秀教师不仅要有极强的"教学设计力",还需要有现场调节教学活动的"生成力"。《现代汉语词典》中有"生成"一词,它是"形成""产生"的意思。借此,我们就不难理解,教师的"教学设计"从根本上说,还必须在活的教学过程中去"产生"和"形成",这才是"教学设计"的生命价值所在。因此为了克服预先设计教学的主观性,我们就必须强调"为生成而预设";为了在教学行动中有的放矢,我们还要提倡在教学现场改变设计。这就是对教师"教学生成力"的要求。在这方面,何夏寿老师独具灵性。他在教学《故宫博物院》"为家人计划故宫一日游"的教学内容时,为了使学生的学习更加生活化、具体化,现场生成了一段四人小组的表演活动:"快乐一家游故宫",一位学生演老奶奶,是一家之主,一位演爸爸,一位演妈妈,还有一位演孩子,兼免费的导游、讲解员。这样,就把各小组"计划故宫一日游"的设计活化了。其中,有序的引导,老人的质疑,孙儿的讲解,故事的穿插,学生的评论……可谓异彩纷呈,师生乐不可支。这正是教师现场"生成力"的体现。

由此看来,何夏寿老师课堂的"灵动"和"得体",一个重要的秘诀,就在于教师的教学"设计力"和现场"生成力"的融合,这种融合不是物理意义上的"叠加",而是化学意义上的"裂变"。"叠加"只是体现了增量;而"裂变"所显示的是新能量的释放。

课堂教学是一种由多个元素构成的生态呈现,这里关乎学生、教师、教学思想、课程、教材、教法、教程,乃至社会环境、历史归因等,可谓无所不及,无处不包。而一篇篇语文课文的内容又大至天文地理,小到鸟兽虫鱼,统天地而摄万象,贯古今而察细微,所以教师的教学设计与课堂生成,就成了一种纵横捭阖、统揽八方的高级心智活动。一位名师的课堂艺术实在是一本大书,要识其精妙,不是翻阅一遍就能奏效的。我虽然听过何夏寿老师的一些课,也写过关于他的不少课评,但仍然是略识皮毛。

现在,何老师想把他的课堂实录(或设计)加上我写的课堂点评辑录成一本书,倒是一件颇有创意的好事。他的课无疑是他长年积累的呈现,教育生命的结晶;而我的评,自然只能是"路人甲"的一家之言。提示这一点不是为了附庸"谦谦君子",而是实话实说。"课堂实录"无疑可以赏析借鉴,但"课堂评点"只是个人浅见妄识而已。

这里就写上我的一点认识,算是"后记"了。

2019 年于越中容膝斋

图书在版编目（CIP）数据

请周一贯先生评课 / 何夏寿著. — 上海:上海教育出版社, 2020.2（2022.12重印）
ISBN 978-7-5444-9748-0

Ⅰ.①请… Ⅱ.①何… Ⅲ.①小学语文课－教案(教育)
Ⅳ.①G623.202

中国版本图书馆CIP数据核字(2020)第025997号

责任编辑　兰　蕊
封面设计　毛结平

请周一贯先生评课
何夏寿　著

出版发行　上海教育出版社有限公司
官　　网　www.seph.com.cn
地　　址　上海市闵行区号景路159弄C座
邮　　编　201101
印　　刷　启东市人民印刷有限公司
开　　本　700×1000　1/16　印张 12.25
字　　数　180 千字
版　　次　2020年3月第1版
印　　次　2022年12月第2次印刷
书　　号　ISBN 978-7-5444-9748-0/G·8047
定　　价　45.00 元

如发现质量问题，读者可向本社调换　　电话：021-64373213